中国清代瓷器

Later Chinese Porcelain

[英] 索姆·詹宁斯 著
闫健武 策划
崔 倩 张淳淳 译

上海书画出版社

前　言

欧洲人对于中国瓷器审美的发展历史是值得撰写专著来讨论的，因为彼此间的互相影响以及广为盛行的装饰风格极大地影响了西方的审美品位和评判标准。晚期中国瓷器在 17 世纪末到 18 世纪一进入欧洲即广受欢迎。到了 19 世纪后期，人们开始对这些瓷器进行分类，并准确定年。欧洲人一度想当然地将它们作为中国所能制造的最精致的瓷器。近来，因为越来越多更早时期的精美器物进入英国，这个观点被彻底扭转了。清代瓷器不再流行，被归类为“装饰性瓷器”，这个术语并不夸张，完全与瓷器上绚丽的色彩相契合。对于这些器物价值更大的打击是，人们认识到这些器物是专为外销生产，从不入中国收藏家法眼。继而，大家便会追问，符合中国审美趣味的器物究竟是什么样的？

1935 年至 1936 年的中国艺术大展就致力于解答欧洲人的这个问题，同时确认了之前颇为流行的康熙五彩及其他彩瓷大多都是“外销瓷”。因此，我们需要对欧洲现存的大量瓷器重新鉴别，从中区分出符合中国传统审美的御用器和其他精品。

本书旨在对这些精品器物进行鉴别，描述和图示。詹宁斯先生在就职大英博物馆之前曾居住在中国，这使得他对西方人不容易见到的皇家和私人收藏品非常熟悉。想要详细解读这一时期的中国审美品位，没有人比他更合适。而这个时期的中国审美趣味是如此的丰富多彩，包罗万象，既有精彩绝伦、工艺奇巧的转心瓶，又有为乾隆皇帝制作的异域珍玩，同时也不乏最为精致的自然诗意。

W. B. 霍尼

目 录

引　言

当霍尼先生（W. B. Honey）与我联系，希望我在他主编的这套陶瓷研究丛书中撰写一本关于清代瓷器研究的著作时，我的第一反应是拒绝。我觉得我的前任主管——已过世的霍布森先生（R. L. Hobson）以及霍尼先生本人都撰写了不少相关著作，详细且全面地介绍了这个时代的瓷器作品，珠玉在前，再撰写此类著作，难度会很大。但是考虑到一切事物都在不经意间受到新的评价，随着时间的流逝，时代的演进，以往陶瓷类经典著作的学术价值也会逐渐受到挑战。因为新证据的出现、侧重点的变化，对瓷器的定年或产地的认定等方面都可能发生改变，甚至影响到对整个陶瓷史的认知。在学术界，提出并接受学术批评是每天工作的必修部分，而且我们每一个人都会合理正当地批评我们的前辈，而不会因此觉得自己太过放肆而内疚，直到我们不再年轻的时候，也可以平静坦然地接受后辈们以同样方式对我们的批评。这是所有学者不可逃避的命运，但是被后辈学者超越的前辈研究者并不一定会被完全替代。如果一位学者的观点得到了验证，那么就像试金验出了真金一样，他为科学真理这条“黄金链”添加了一两节链条，就像霍布森所做的那样〔1〕。这样，即使他的研究被后人所遗忘，但是他对该研究作出开拓和贡献也会长期被人们铭记。本着这样的精神，也是带着这样的慰藉，我才接受了霍尼先生的邀请。

任何一位研究中国陶瓷的学者在写作时都会遇到的一个问题，就是如何避免产生铺天盖地的争议，然而如果没有可供讨论的争议点，一本书读起来就难免会无聊乏味，但是有些质疑和争议会伤害收藏家的感情或专业信誉，这是非常令人不快的。对于撰写这类书籍的作者而言，最受考验的能力就是他在阐述艺术品归属问题时的想象力和敏感度，尽管他有时会受到误解。这一点，即使霍布森也很难做到万无一失〔2〕。在这个方面，我只能恳求各位读者的大度宽容了。

在进行中国瓷器研究时，初学者们由于没有接触过这个国家，对于中文也不甚了解，研究起来难度很大。但是如果认为具备了从充满影射、意思模棱两可的中文文献中去粗取精、辨别真伪的能力，就足以进行中国陶瓷研究，那是非常荒谬的。那些深感痛苦的翻译者如果能想起查尔·维涅（Charles Vignier）充满自嘲的话，心情或许就会平复很多，他说：“对于一个欧洲人来说，有翻译中文的能力是一件奇迹般的成就；而且即使是同一段文献，但凡能出现任何两个相似的翻译也是一个奇迹。”想成为最伟大的汉学家必须要有非凡的洞察力。正如霍尼先生优雅地说道：“对于美的欣赏本质上是一件非常简单的事情，它很直接，不依赖于理性判断，甚至不需要借助科学知识。它依赖于一种能力，维涅（Vignier）引用堂吉诃德的话：‘对于爱的选择……是一种精妙的洞察力，这种感觉几乎万无一失。’这句话高度总结出那些才华横溢的非专业人士的审美趣味。这种洞察力可能也触及了真理，而日耳曼民族惯用的繁琐的分析方式往往是行不通的。”[3]而我的目标就是能帮点小忙——再套用一个维涅提出的非常恰当的观点——“一点点地打破未知领域，去除考古学的枝桠，扩大艺术审美的百花园”。但是，这并不意味着我们可以低估考古学家的重要价值。在中国艺术领域，除了文献史料，我们主要还依赖于考古出土的文物。

过去大多数从中国运往英国的艺术品都是匆匆忙忙、鬼鬼祟祟地盗掘出来的，这一状况是最为不幸的。因此，中国的古董商由于担心货源被抢，大多对出土信息守口如瓶，这些信息他们理应知晓；或者索性编造一个虚假的、不可靠的来源。但是即使在原址进行考古发掘，由于地层已被扰动，也很难得到有说服力的证据，因此我们现在根据出土物得到的很多结论都只是假说，还有待科学的验证。然而科学家们往往有一种职业习惯，就是认为基于精心挑选的一系列样品所得到的试验结果是带有普适性的，这种做法是存在风险的。通过对各个时代大量标本的细致观察，再进行讨论，反而会更安全一些。

清代瓷器的历史实际上就是景德镇的历史，景德镇又由坐落在那里的御窑厂所主导。清代超过80%的瓷器是在江西景德镇这个伟大的陶瓷大都会及其周边地区生产的；民窑在这一时期的产品大多质量粗劣，毫无重要性可言，而福建德化窑是民窑中仅有的例外。尚未得到充分证实的一点是，清代御窑厂生产瓷器质量最好的时期是1683年至1750年之间，在这段七十多年的时间里，御窑厂的督陶官都很知名，他们依次为臧应选、年希尧和唐英。

考虑到这些情况，我打算尝试一种与前辈学者不一样的角度来阐释清代瓷器这个课题，不是按照清代各位皇帝的年号来编排，而是尽可能地根据三位御窑厂督陶官的在任时间来罗列材料。中国人自己也会将具体的器物称为臧窑、年窑和唐窑，我也打算以此分类方式进行深入的讨论[4]。但是必须了解的一点是，18世纪及19世纪早期输入欧洲的中国瓷器，并不是御窑厂的产品。那些去过中国的我们的祖辈们都是商人，他们很容易被中国人提供的瓷器所搪塞，而中国人喜欢将经典的瓷器收为己有，只是因为情势所逼，才不能不忍痛割爱。很可能直到嘉庆朝，这几位著名的督陶官治下的作品才开始从宫廷流入民间市场，尽管其中部分器物毫无疑问是作为宫廷礼物赏赐给王公大臣的。而且，直到1860年英法联军劫掠圆明园，以及之后的清王朝的覆灭，这些瓷器才开始出现在西方的收藏之中。

我将利用三个章节的内容分别介绍三位督陶官，在此之前，还特地安排了一个章节的内容来介绍从明代灭亡到臧应选1683年重新组建御窑厂之前，景德镇生产的所谓转变期的瓷器产品[5]。本书将以另外两个章节作为结束：一章简要介绍了唐英卸任乾隆御窑厂督陶官之后一直到清末的瓷器产品；另一章则将不太全面地介绍清代民窑瓷器的问题。

在图片选择的问题上，我采取了更加非传统的做法。我没有选择大名鼎鼎的康熙五彩、墨彩、黄釉、粉彩等精品瓷器，也放弃了更加传统经典的青花瓷器，对于外销瓷，我也只是点到即止，从东印度公司进口的，专为欧洲订制的纹章瓷餐具也没有图例。我在为本书选择插图时，不再重复呈现那些一直以来深受青睐的器物，而是力图寻找那些不太知名的清代瓷器实物。此外，我还试图不选择那些公共收藏品中的老面孔[6]。如果我在本书中未能完全成功地做到这一点，那是因为并不总是能够去质疑一些在私人收藏品中那些有趣的器物的制作年代[7]。如果有专业研究者提出某位私人收藏家最钟爱的一件成化或宣德瓷器可能仅仅是18世纪的仿制品，那么这位收藏家很可能会火冒三丈，这也是人之常情。

在这样的背景下，我希望亨利·奥本海姆先生（Harry Oppenheim）的后人能够原谅我提出的观点。这些观点指出了有关他捐赠给大英博物馆的精美藏品中某些器物的定年问题，需要特别提到的是，他的这批捐赠品是二战以来大英博物馆东方部接受的最重要的一批中国瓷器捐赠。

在此，我要特别指出，在本书插图中，我努力要强调的内容包括以下几点：

(a) 按照中国审美趣味进行装饰的瓷器，与专为欧洲市场生产的瓷器上繁琐的边框和绚丽的釉彩比起来，其装饰更加细腻地透出一种含蓄、精致和欲说还休的韵味。很少量的这类瓷器进入了欧洲的收藏，而且它们的美尚未得到充分地欣赏。

(b) 那些带有单圈或双圈年号款的瓷器，不管品级多么低下或者仅仅是民窑产品，都与其制作于某个年份有关，因而具有参考价值。不过，这些年款未必都是可靠的。

(c) 清代对前代，特别是明代宣德朝和成化朝，以及宋代单色釉等器物有较多的仿制。很多这类仿品容易与正品混淆，现在也依然很有迷惑性。

(d) 那些带有明确定年或可以定年的欧洲金属镶嵌，或者带有德累斯顿（Dresden）收藏款的中国瓷器，大概是在1694年至1705年之间由波兰王、萨克森选侯——奥古斯都二世（Augustus the Strong）所收藏。不幸的是，这个款识模仿起来并不困难，而且已经被伪造。这处伟大的收藏后来散佚，藏品遭到摧毁。这是一个悲剧，因为对于后世的学者而言，这里曾经是欧洲记载最详尽的对康熙朝外销瓷的收藏。其重要性似乎在德国并没有获得重视，因为没有详细的图片记录保存下来。

(e) 我仅重复选入了一小部分单色釉瓷器。这些器物，特别是在康熙和雍正两朝，呈现出了充满活力的器形、精致的色彩以及极佳的烧造工艺，这些特质都让人爱不释手。不巧的是，它们的美只有通过彩图才能充分展现。这类瓷器在欧洲也从未获得充分的赏识。

清代瓷器受到前一代收藏家群体的喜爱，并广为收藏。如今，它们似乎不再受欢迎。汉代、唐代、宋代的陶器和低温瓷器取代清代瓷器，成为大众的新宠，而之前认为明代瓷器在审美上次于清代瓷器的观点也被彻底扭转了。这种"失宠"与之前的狂热一样不平衡，那种狂热的迷恋体现在欧洲出现了大量康熙墨地五彩花瓶，或是那些极具装饰美感的乾隆粉彩花鸟纹器物上，这类器物至今依然能拍卖出与其本身的价值或审美品质不匹配的高价。

任何人，只要他获得许可，还有足够的耐心和精力扎进景德镇的窑址废墟堆里，反复挖掘，或许还能有新的发现，进而可以建立一个更加准确的清代器物年表。如果一旦有可能对位于珠山的御窑厂开展考古发掘，那么就有可能将宫廷御用器与周围私人作坊的产品区分开来。同样，任何做好时间和体力的准备，并获得中国政府的官方人士的协助，可以尝试罗列出景德镇的私人作坊，并标识出它们的产品。我们对于大多数民窑瓷器的产地和窑址，依然处于一无所知的状态。

记载御窑厂的典籍文献，如果它们还得以流存下来，有朝一日一定会显示一系列传承有序的器物，这些器物要么是为紫禁城使用而制作的，要么是受到皇室旨意定制的，应该有将它们运往北京的记录。景德镇当地的方志肯定也保留着对御窑厂和许多私人作坊的历史、组织、管理的记载，许多私人作坊都会接受朝廷的订货，生产他们的名品进贡朝廷。

大多数御窑厂督陶官的名字还不为人所知——至少对欧洲人来说是这样的，但是不管他们在位期间多么平庸，他们肯定都被记录在案，有迹可循。事实上，对于所有中日文陶瓷文献中有关景德镇内容的检索审视还远远不够全面[8]。从其他的研究方向上来讲，包括对器形、胎、釉、装饰纹样和年号的书写形式，以及科学家们的实验室工作，都将从各自的角度补充我们的认知，尽管过度专注任意一个研究视角很可能会对我们产生误导。

---

〔1〕"近来，后辈学者对霍布森的研究多有质疑，不过《大维德藏品名录》是一个例外，可能是因为这本书不是霍布森的一人之功，较之他比较晚近的著作，他在本书中的行文措辞更加客观，接近已知的事实。" 见 Sherman. Lee, Sung Ceramics in the light of recent Japanese Research, *Artibus Asise*. Vol. XI, 3.

〔2〕人任何学者的研究，不管如何杰出，都必然存在一些小的错误。霍布森是一位将被后世铭记的伟大的东方陶瓷史家，他用清晰明确、无可指责的研究成果为这个学科确定了研究大方向，但是他也无法摆脱这个定律。而我，作为深受他帮助提携的后生晚辈，在此重新讨论他对于一些器物的断代问题，如关于转变期和康熙早期瓷器的议题，这让我诚惶诚恐。在《中国陶器艺术》（*The Art of the Chinese Potter*）一书中提到的那件棒槌瓶

（图版CXL），茄皮紫釉彩下刻划装饰，这件器物会不会是康熙时期而非明代制品？那件瓷筒瓶(图版CXLII)，带有淡描青花纹样，会不会是转变期产品，而不是像霍布森认为的属于15世纪？那件带盖瓷盒（图版 CXXXV，图2）被认为是万历时期的器物，会不会制作于康熙时期呢？在《明代瓷器》（*The Wares of the Ming Dynasty*）一书中出现的永乐款山水图案小碗（图版14, 图2）有没有可能是一件清代制品呢？而那件1622年带到丹麦的六方带盖瓷盒（图版31, 图1）是不是看起来更像日本的产品？最后，带盖大罐和瓷瓶（图版39,图3、4——它们也都出现在《博物馆藏品指南（*Museum Guide*）》一书图92和93中），被定为嘉靖、万历时期，把它们定到康熙早期会不会更好一点，尽管第二件大瓷瓶可能是转变期的？会不会这两件器物的生产时间已经晚至17世纪中叶以后了？

〔3〕W. B. Honey, *The Ceramic Art of China and other countries of the Far East*, p. 1.

〔4〕尽管在给插图配文时，我没有将此计划进行到底。

〔5〕我试图从康熙早期(1662—1683)即臧应选重组景德镇窑场之前生产的器物中区分出制作于1620—1662年之间的转变期器物，并且将上述两类器物与其他康熙朝器物（1683—1722）区分开来。

〔6〕我最初的想法是，不再从著名的大维德藏品中选用器物，大维德藏品作为英国最重要的中国陶瓷器私人收藏，已经在霍布森撰写的著名图录中进行了充分介绍。但是我还是忍不住从中选择了一两件极具中国审美趣味的精美器物，加入到本书的图例中。

〔7〕我必须向尊敬的斯帕克先生（Sparks）、布鲁特先生（Bluett）、斯宾克先生（Spink）、莫斯先生（Moss）、诺顿先生（Norton）、苏富比拍卖行（Sotheby’s）致谢。他们允许我拍摄他们经手的器物，授权在本书中使用或为我提供了藏品照片。

〔8〕有关中国陶瓷的著作中最重要的两本书是《陶说》和《景德镇陶录》。朱琰所著六卷本的《陶说》记述中国陶瓷业的发展状况，这本书至今仍被中国陶瓷收藏家奉为权威书目。该书已于1910年由卜士礼（Bushell)以*Description of Chinese Pottery and Porcelain* 为题译为英文。《陶说》的作者朱琰，字桐川，号笠亭，浙江海盐人。1767年他担任了江西巡抚的幕僚。卜士礼认为，直到《陶说》出版的1774年，朱琰一直居住在江西。在这段时间内，他有大量机会调查景德镇的制瓷业。他是一个相当多产、涉猎广泛的作家，他的作品包括《金华诗录》《明人诗钞》《唐诗律笺》《笠亭诗钞》《金粟山人遗事》等，此外他还擅长作诗。另一本书《景德镇陶录》是蓝浦原作，后经其学生郑廷桂增补为八卷，在蓝浦去世后的1815年出版。这本书的部分内容由斯塔尼斯拉斯·朱利安（Stanislas Julien)以*Histoire et Fabrication de la Porcelaine* 为题在1856年做了译介。此书最新完整的译本正在由我的朋友乔治·塞耶（George Sayer）先生翻译，在我写作本书时，他非常慷慨地任我使用他的翻译初稿，我也希望他的最新译本可以很快与公众见面。

第一章　殷弘绪景德镇的来信

现存有两封殷弘绪关于景德镇的书信，信中内容以同时代亲历者的角度，对康熙时期景德镇瓷器的情况进行了介绍。这两封信描述了一个欧洲人眼中18世纪二十年间景德镇制瓷业的整体情况，如果不了解这些信的内容，那么对于这个时期陶瓷的认识就不全面。这些珍贵的信件是耶稣会传教士殷弘绪[1]神父（Père D'entrecolles）写给在法国巴黎的中国和印度教区特派员奥利神父（Père Orry)的。它们的写作时间分别是1712年9月1日和1722年1月25日。中国文献中尚未发现同等价值的记载。他的信全面生动地描述了景德镇窑场的情况。他首先介绍了瓷器的原料，描述了开采和粉碎白不子石料的时间和方法，如何磨碎、清洗，并去除石料表面的油污，以压制成坯料砖备用。他向我们讲述了高岭土开采和制备的过程，以及将高岭土与石灰、草木灰混合制备釉料的方法。他提到用脚揉碎瓷土需要耗费大量的人力，对此他抱怨道："从事这项工作的信徒们很难有时间来参加教会活动，除非他们找到代班的人才能离开，因为一旦这道工序停工了，其他后续的工序都要受到影响。"[2]他的信向我们揭示了景德镇制瓷工坊高度分工的大规模生产状况。他写道："人们告诉我一件瓷器要经过七十个工匠之手才能制作完成。我亲眼所见的一切让我对此坚信不疑，因为他们庞大的作坊对我来说如同雅典的亚略巴古山（Areopagus），我曾在那里向上帝祷告，是他用泥土塑造出第一个人类；经由他万能的手，我们每个人成为一件容器，承载着荣耀亦或是耻辱。"在信中，殷弘绪告诉我们当时使用的模具，还有评价画工水平高低的原因。他对这些装饰工匠评价不高："这些画工和其他工匠一样贫穷困苦，当我们联想到，在欧洲他们仅仅是刚经过了几个月学徒期而已，那我们就不会对他们的生存状况感到惊讶了。这些画工的做法，实际上也是几乎中国所有画匠的创作理念，无任何规律可以遵循，只是按照某种固定的程序按部就班地进行，加上一点有限的想象力的帮助。他们对艺术为何一无所知；但是必须承认，他们笔下的花卉、动物、山水图案相当惹人喜爱，这些图案不仅被绘制在瓷器上，也广泛出现在扇面和最精致的薄纱灯面上。在一间瓷器作坊里，彩绘这一道工序由很多工匠共同完成。一个工匠只负责在所有器物的底足下面画上第一条色线；另一个工匠给花卉勾边，第三个工匠涂色；这个画匠专门负责描绘水面或山峰，另一个则专攻鸟禽或其他动物。而人像一般最不受重视。"从信的其他段落，我们了解到："首先选出两个画得比较好的工匠，其中一个画大件器物，另一个画稍小件器物……如果烧造出的产品令人满意，那么这两件成品将作为模板供其他画匠模仿。"《陶冶图》（这是一组介绍瓷器生产流程的画，配以唐英的解释性文字，在乾隆皇帝的授意下创作于1743年）也向我们展示了类似的大规模生产场景："各种不同种类的圆器，有彩瓷也有青花，每一种的数量都可达到成千上百件。一旦任何一件器物上的彩绘装饰不完全相同，那么这组器物就不符合标准，要被作为废品处理。因此，负责白描勾线的工匠只学勾线，不学绘画；那些绘图工只研究画图，不懂白描打底；这样保证了他们在从事自己特定的工作时能够掌握熟练的技巧，达到炉火纯青的地步，而不会分心。为了保证制图工匠和上色工匠的作品风格能够一致，他们都是在同一间工房中工作，但保持一定距离……至于其他工序——如压印浮雕图案、雕刻、透雕开光——也是同样处理，每道工序都分配给专门的工匠。釉下铜红釉装饰工序，尽管非同寻常，但也遵循彩绘装饰的工作流程。至于器物底足的双圈款和环绕的蓝釉线条，是由工匠在转轮上来完成的；而底足的款识，以及器物上的题记则由专门书写款识的人来书写……要想绘画花卉、鸟禽、鱼类或其他水生植物和动物，一般师法自然是首要条件；在模仿明代瓷器和其他前代器物的时候，通过看大量实物标本可以提高仿制技术。青花瓷与彩瓷画面的艺术性差别很大……瓷器装饰图案也需要遵循艺术创作的正确标准；纹样应该从织锦和刺绣中选取，在宜人的春日，从客厅眺望花园中目之所及的诸多颜色也应该出现在瓷器上。工匠们手边就有大量官、哥、汝、定、柴窑（宋代名窑器）等器物可以参考仿制。”信中另一段提到用洋彩描绘的花瓶，他写道：“特地挑选技艺出众的画家来承担这项工作。首先要把各种洋彩原料充分磨碎、完全混合，然后画家先在一块素烧白瓷板上作画，入炉试烧以检测各种色彩的属性，确定每种色彩烧成所需的时间。他不断尝试，由粗到精逐渐提升，最终熟能生巧，完全掌握。要烧出完美的器物，敏锐的眼力、专注的头脑和准确的双手缺一不可。”殷弘绪还向我们揭示了这些洋彩是如何与明胶、水混合，再施加到釉面上的。镂空器、开片器、金彩的使用，鱼的留白画法等等，一切都没有逃出他的眼睛，甚至是烧造前装窑时匣钵的堆砌方式，他都小心地用平面图描绘出来。之后，他又思考了制瓷业的问题、取悦欧洲商人的困难程度以及评价了图样设计者的精湛造诣等。

他写道：“每次入窑烧造要耗费 180 捆松木柴（每捆重达 133 磅），但是令人惊讶的是竟然任何灰烬都没有留下。难怪瓷器在欧洲如此昂贵，因为除了欧洲的商人们和中国的经理人从中牟取了暴利外，一个窑炉烧造的产品全部成功是不大可能的；经常是全窑皆废品，开窑时才看到瓷器和匣具烧熔在一起，像一整块岩石一般坚硬。而且，销往欧洲的瓷器几乎都是按照新样式制造的，这些新样式十分怪异，难以复制。因为存在一点瑕疵，这些产品就会被退货，最后只能砸在陶工手里，因为他们不符合中国人的审美品位，在中国没有市场。虽然有时送来的一些精致的器形设计是非常难以用瓷器的形式呈现的，但是他们仍得制作出这些瓷器，而制作出来的效果令人震惊，第一次见到的人甚至不相信用瓷还能做出这样的器物。

“我会举几个例子来说明。我在景德镇见过一件整体烧造的大型瓷灯，中间放置一根蜡烛，烛光从瓷灯的各边透出来，照亮整个房间。这件作品是七八年以前由某位皇子订制的[3]，这位皇子同时还订制了各种乐器，其中有一件小型吹奏类乐器笙，高约一英尺，由十四根音管组成，吹奏出的声音相当怡人；但是工匠们穷尽所有办法，都无法烧造出这件乐器。他们烧成了长笛和六孔木箫，还有另一件叫云锣的乐器，由一组小的略凹的圆板组成，每一片板都有不同的音调。九组这样的乐器分三层悬挂在方形的框架内，演奏时用小棒敲击，类似鼓膜；还制作了一件小钟为其他乐器或演奏者伴奏。工匠们告诉我，他们试验了很多次才终于摸索出最适合的厚度和密度，保证器物能正确地发出所有的音调。我自己想象了一下，觉得他们可能秘密地在瓷器中加入了一小块金属来区分每一个音色；但是他们并没有骗我，因为金属材料与瓷器很难熔合，如果把一枚铜钱放在窑炉内一个匣钵柱的顶部，那么金属铜熔化后将会自上而下穿透所有的窑具和瓷器，这样的话每一件器物中间都会留下一个洞。说到更加罕见的陶瓷制品，则是中国人最擅长烧造的瓷塑像，特别是动物造型的瓷塑。工匠们制造的瓷鸭子和瓷乌龟还能在水中游动。我还见过工匠依照一只真猫的样子来制作瓷猫塑像，并在它的头部放置了小灯让其眼睛放光，这样可以保证制作的瓷猫的眼神能够在夜晚中将老鼠吓跑【图1】。景德镇也生产大量观音塑像，观音是在全中国范围内信仰最为普遍的菩萨，观音塑像的形象一般是怀抱婴孩，那些未能生育或急于拥有子嗣的妇女们更是笃信观音[4]【图2】。

“欧洲商人有时候也会向中国作坊订制整块瓷板，用作完整的桌面或长凳面，或者是作为油画框。这样的商品是很难制作的。当时可以烧造的最宽或最长的瓷板直径或长度在一英尺上下，如果大于这个尺寸，那么不管瓷板做得多厚，在入窑烧制的时候都会弯曲变形。多余的厚度并不会促成瓷板烧造成功，只会适得其反。这就是为什么中国人使用的瓷板不是做得很厚，而是

图1 清康熙，黑彩猫形烛台，长14厘米，高9.5厘米，1936年购买于乔治·尤摩弗帕勒斯(George Eumorfopoulos)，大英博物馆收藏。

图2　17至18世纪，德化窑白釉观音坐像，高24.8厘米，曾属弗朗西斯·霍华德·佩吉特(Francis Howard Paget)收藏，收录在1997年10月6日伦敦马钱特古董行图录中，于2012年11月7日伦敦苏富比拍卖，编号38，成交价：7.085万英镑。

做成两面，内部中空，由一个坚固的连接件穿联。这些瓷板一般镶嵌在木作家具中，每一端穿两个小孔，这样就可以方便地嵌入床或椅背中，给人留下深刻的印象。

“这里的官员知道欧洲人有创造的天赋，经常请求我从欧洲带回来一些新奇有趣的设计，这样他们就可以按照这些式样制作出一些奇珍异巧的物件进献给皇帝。但是另一方面，我在景德镇的信徒们强烈反对我带这些式样回来，因为这些官员可不像我们的商人那么好说话，当工匠们表示一件器物无法制作时，商人们可能轻易放弃了，但是官员不会，他一般会先杖责那些工匠，然后才会悻悻然地放弃一件他认为可能会带来丰厚利益的器物类型[5]。

“根据当地的史志记载，景德镇的陶瓷生产可以追溯到汉代。但是直到宋代，政府才开始委任官员来到这里监管陶瓷生产，并且有规律地定期向朝廷进贡产品。[6]

“景德镇位于江西省，在长江的南岸……与浮梁县相距四英里，隔昌江相望，地界属浮梁治下，尽管直接管辖景德镇事务的官员由饶州府任命，官阶同知，即副县长。另有一位官员负责管理御窑厂，一般都是从北京的宫廷指派，此人同时也担任九江关监督一职，九江关位于鄱阳湖与长江的连接处附近，是一处非常重要的关口。生产瓷器所需的资金就直接来自九江关的关税收入。监督将瓷器装船沿长江而下经镇江，过京杭大运河到达天津，再送入京城。在长江和黄河的交汇处还有一个大型的关口要塞——淮安府，那里也派驻了一位监督，这个职务一般由前任督陶官担任，为瓷器生产经费的筹措提供特权。在鄱阳湖的南面，相距二十英里处是江西省会南昌府，那里云集了各色瓷器铺，南昌府的主要商品就是景德镇的瓷器，瓷器从这里销往中国南部的市镇乡村。南昌府是瓷器运往广东的必经之路，大量瓷器运往那里，部分是完成品，也有部分是素胎白瓷，到广东后由那里的艺术家加绘广彩装饰，再销往海外。运输过程除了一天跨越梅岭关的陆路运输外，其他都是水运。浮梁县位于一个山村，群山环抱，山上富含花岗岩石料，这些石料通过不断分解最终形成了高岭土沉淀物。昌江流经一段多岩石的峡谷最终到达了景德镇，这是一片开阔平整的区域，长宽各约二英里，北面和西面是昌江，因此在西北方向形成一个大弯，南面是一条小溪，溪水从西边流入昌江，东面是马鞍山。这些小山丘上的红土可以用来制作匣钵，仿制前代陶瓷器时也可以用来作胎。南边的河上有一个叫'湖田'的一个小村庄，村中还存留了一座塔以及宋代制瓷的遗迹。18 世纪时，人们从这里采集了大量古代陶瓷片，作为制作单色釉的模板……这两条水系的交汇区域内有一片已经废弃的开阔空间，叫西瓜洲，这里现在变成了陶瓷小贩们设摊的市集。镇里的其他地方密集地分布着商铺、寺庙、行业工会，交界处则布满了窑场和作坊。《景德镇陶录》收入了一幅详细的景德镇全景图和一幅御窑厂的鸟瞰图。"[7]

18 世纪景德镇的窑炉数量已不得而知。殷弘绪提到了"窑场三千"，但是这不太可能指字面的意思。每一座窑场似乎都有自己的主打产品，但是各个窑场都愿意根据当时畅销的纹样订制器物。景德镇还有不少家庭作坊性质的小窑场，它们的产品一般都在陶瓷品市场销售。在城外，根据白兰士顿（A. D. Brankston）在他的游记中的记载，还有好几百处窑址。[8] 这些私人窑场中起码有二十家似乎经常承接官方订单。

御窑厂也被称为御器厂，位于景德镇珠山的南麓，始建时间可能是明朝洪武帝在位的第二年（1369），或是 1398 年，是为了满足当时大量质量上乘的御用器的需求而设立的。后来，御窑厂规模不断扩大，最终幅员达到五里（差不多两英里）。景德镇的陶工们对御窑厂遗址很熟悉，每当开挖一条穿过窑址群的新路，陶工们就去工地捡拾永乐、宣德、成化的残片，以便仿制器物的年款和釉色。白兰士顿写道："除非试掘一下，不然很难估计残片和窑址废弃品的深度，也很难明确景德镇的具体所在。"珠山已经不再是一个非常重要的地标，可能是因为那里的居住成本大幅上涨。据地方志记载，当地居民似乎并不欢迎御窑厂的进驻，"段廷珪，清泉人，被洪武帝任命为工部员外郎，监管陶瓷生产，他到任后在珠山之南设立衙门，此举遭到了景德镇居民的强烈抗议，他们反对在当地自有产业之外还要被召唤去干其他工作的行为"。他们的反对情绪是很正常的，因为直到 1680 年，御窑厂都是采用强行征召制度，到了 1680 年这种强行征用当地劳工的制度才废止，而以委员会的形式取而代之，并按工计费。从这时候起，有些劳工似乎是从福建招募来的。最令人厌烦的工作就是生产大量御用龙缸，据说生产这些龙缸需要整个窑场耗费 19 天时间方能烧成。宣德帝减少了专烧龙缸窑场的数量，到了嘉靖朝以后，这种龙缸便废止不用了。后来，唐英复烧这类器物，并告诉我们最后几座专烧龙缸的窑在乾隆朝也停烧了。

一直以来，御窑厂生产的器物中，督陶官认为质量不够好、不能进贡到宫廷的次品会作为商品转卖给当地的商人；而私人窑场生产的产品，只要其质量好、工艺精，就会被指定为贡窑为宫廷生产瓷器。“瓷器从窑炉里取出来后，被分为四个不同的等级，即‘头等色’‘二等色’‘三等色’和‘次品’，价格的高低也由此确定。‘三等色’和‘次品’瓷器在当地售卖。‘头等色’的圆器和‘头等色’‘二等色’的瓶类与祭器用纸包裹后整齐地码放在圆形外盒中。‘二等色’的圆器中，碗盘类十件一组，用草包裹，码放在圆形外盒中，这样做是为了长距离运输的方便。质量更粗劣一些的、用于日常生活的瓷器，在各个省份进行售卖，这种日用瓷器是不需要用草包裹后装入外盒，只需用草绳捆束，运输时放置草垫防止破碎即可。”[9]

直到正德朝，才出现了“御器厂”这个名称。这时候，御窑厂被烧毁，皇帝指派了一位太监在现有基础上对其重建。委任太监作为督陶官的做法一直持续到 1522 年，此后由地方官的副职负责一年一度的轮值。1565 年，朝廷要求任命一位副县长驻扎在窑场，但是这道指令似乎从未实行过。到了隆庆朝，太监为宫廷订制的瓷器品质遭到审查官的抗议。这个时期景德镇经历了火灾和水患，许多窑工逃离此地。万历朝初期发生了更大的抗议事件，陶工故意纵火烧毁御窑厂，以示对太监专权的抗议。本书此后章节中将会详细介绍窑场之后的发展史。清代，景德镇两次受到战火波及，第一次是康熙十四年（1675）吴三桂叛乱时期；第二次是咸丰五年（1855）景德镇为太平天国起义军占领，全城人口大幅减少。到了 1864 年，窑场恢复，至今依然窑火不绝。

殷弘绪生动地描绘了他在 1712 年 9 月看到的景德镇：“景德镇只是比那些大城市少了绕城而建的城墙，它与中国最大，人口最多的城市相比也毫不逊色。那些被叫做‘镇’的城市数量并不多，但是由于交通和贸易发达，通常都不建城墙，或许是为了不受限制的自由扩展，或许是方便货物的靠岸和离港。景德镇人口估计有一万八千户，但是一些大商人的宅邸占地广，可以容纳大量工匠，因此景德镇的人口据说超过了一百万，这些人口每天都要消耗万担稻米以及上千头生猪。住宅区沿着河岸绵延不止一里格（长度单位，约等于三英里）。但是，这里并非像你想象的那样，房子不加选择地随意兴建。相反，这里的道路笔直如线，相互交叉，每一寸土地都被利用，因此房屋过于拥挤，道路特别狭窄。当你走过这片街区，感觉自己身处集市中，你别的什么声音都听不到，只能听到街上的搬运工人一边往前挤一边大喊大叫的声音。

“住在景德镇的生活成本要比饶州贵，因为这里消费的一切东西都是从外面运进来的，甚至是烧窑的木料也不例外。然而，这里是无数个贫困家庭的避难所，这些穷人在附近的村镇无以为继，而在景德镇，不管年轻力壮者还是身体虚弱者都能找到活干，甚至连盲人和残疾人都可以通过研磨釉料为生。根据《浮梁县志》的记载，以前景德镇只有三百座瓷窑炉，如今至少有三千座。火是一件大事，因此镇上建有很多座火神庙，其中一座就是不久前由现任督陶官筹资建造的。不久前，八百间房屋被焚毁，但是房主从租金中可以获得丰厚利润，因此烧毁后没多久这些房屋就迅速重建起来。

“整个镇子位于一片群山环抱的平原。东面的小山在镇子后方形成一道半圆形的屏障，而周围的群山中形成两条河流，之后交汇为一体：一条河水量很小，而另一条水量很大，形成了超过一里格的壮观河岸，流入宽阔的盆地，渐渐复归平静。这片宽阔水域有时挤满了两到三个长长的船队，船与船之间紧密地系在一起。当你进入任何一个峡谷，目之所及的景象就是各处升腾起的烟雾和冲天的火光，这勾勒出整个镇子的外貌。如果傍晚时分来到这里，整个场景会让你联想起熊熊大火中燃烧的城市，或者是一座有无数排气孔的巨大窑炉。

“令人感到惊讶的是，这样一个人口众多的地方，富人云集，还有不可计数的商船每天来来往往，而整座城没有城墙，夜晚并不设防，竟然只由一个官员进行管理，还能做到井井有条，平安无事。可以想到这里的治安管理是非常令人叹服的。每一条街道都有一个或几个里长，具体由街道的长度决定，每一个里长都有十个手下，每个人又负责管理十户人家。他们通过实行杖刑来维持秩序，杖刑在这里是可以自由实施的。每个街区都设有路障，这些路障晚上会封闭，并由守夜人看守，只有持有通行证的人才能进入。当地的地方官会经常前来巡视，浮梁县的官员也时常会陪同。一般不允许陌生人在当地留宿，他们要么在自己的船上过夜，要么留宿在镇上相熟的人家，这些熟人必须为访客的行为负责……

“装载着白不子和高岭土的船只顺流而下，川流不息地将原料运输到景德镇，这些制瓷原料通过倾滤提纯，产生大量残渣，逐渐堆积成山。而三千座窑炉烧窑所用的陶土匣钵只能使用二到三次，整窑皆毁的事情更是常常发生。一部分制瓷残渣被用来砌筑房屋的墙壁，一部分被搬运到河岸的沼泽地上，使这片泥地成为可以用作市集的地块，最终这块地方会固化为适宜建造房屋的地块。此外，到了洪水泛滥的时节，河水裹挟着大量碎瓷片向下游涌去，因此可以说碎瓷片堆满河床，形成一幅赏心悦目的画面。”[10]

〔1〕殷弘绪1698年来到中国。他可能出生于里昂或利摩日，之后在阿维尼翁完成了宗教见习。他此后的人生都是在中国度过的，并于1741年在北京去世。他翻译了一大批中文文献，不过他最出名的是给杜赫德神甫的信中关于中国的描述，杜赫德神甫后来在其编著的《中华帝国全志》中做了详细引用。他描述景德镇的两封信出现在杜赫德的书中，后来又收入Hakluyt版（1781年初版）的《耶稣会士书简集》（*Lettres édifiantes curieuses*）。他感兴趣的课题很多，包括天花的预防接种、植物学、自然历史学、物理学、民族志、考古学和天文学。他似乎是一个性格开朗的人，对事物充满了热情和好奇，愿意仔细观察，不畏辛劳地工作，其行文兼具精确与优雅，又不失语言文字的魅力，这些都使得他的信读来非常令人愉悦。据说他在中国宫廷也有相当的影响力，并且在中国信众中备受尊重，享有很高威望，而很多信众都是景德镇的陶工。文如其人，联系他的信，对于他在中国的影响力也就不会感到惊讶了。在他对于窑场的描述中，他从来没有忘记过自己的神圣使命，我们看到在最后一封信的结尾部分，他写道："希望布鲁瓦西亚侯爵可以出资在景德镇兴建一座教堂，因为这里的信众逐年增多。希望上帝可以将越来越多的仁慈施予这些虔诚的信众；我引荐他们成为您的信徒。如果能有更多的人来向他们传授教义，那么中国的民众将会了解到，除了那些富裕和贪婪的欧洲人，不远千里把金钱送到景德镇这么遥远的地方，欧洲也有富于激情的人们，跟那些给他们带来浮华的珠宝的欧洲人比起来，这些人心怀崇高使命。"

〔2〕卜士礼在他的《陶说》英译版*Description of Chinese Pottery and Porcelain*一书的附录中全文引用了这两封信。

〔3〕这位皇子就是康熙皇帝的第四子，后来的雍正帝。有趣的是，文献记载早在1704或1705年，他就已经是御窑厂的赞助人了。

〔4〕有趣的是，顺带提一下，这种瓷塑的生产不仅局限于福建德化一地。

〔5〕Bushell, *Oriental Ceramics Art: The collection of W. T. Walters*, pp. 352 and 354.

〔6〕景德镇名称据说是来自北宋真宗景德年间，这个时期宫廷首次向景德镇的陶工订制贡瓷，刻"景德年制"名款。此前这里名唤昌南镇，因其位于昌江之南。

〔7〕Bushell, *Oriental Ceramics Art*, p. 278.

〔8〕A. D. Brankston, *Early Ming Wares of Chingtechen*, Part Ⅱ, chapter Ⅰ.

〔9〕唐英——引自S. Bushell, *Oriental Ceramics Art*, pp. 458—459. 译者注，原文出自唐英《陶冶图说》第十九："瓷器出窑，每分类拣选，以别上色、二色、三色、脚货等名次，定价值高下。所有三色、脚货即在本地货卖。其上色之圆器与上色、二色之琢器俱用纸包装桶，有装桶匠以专其事。至二色之圆器，每十件为一筒，用草包扎装桶，以便远载。其各省行用之粗瓷，则不用纸包装桶，止用茭草包扎，或三四十件为一仔，或五六十件为一仔。茭草直缚于内，竹篾横缠于外，水陆搬移，便易结实。其匠众多，以茭草为名目。"

〔10〕卜士礼的译文。

第二章　转变期

在中国漫长的历史中，前一个王朝的覆灭和后一个王朝的继起之间发生的巨大变革并不会立即反映在陶瓷器上。明清的更迭也符合这个规律。如果认为清代最早期的瓷器与前代器物截然不同，那就错了。在这王朝更替的分水岭，同样的工匠必定继续使用着同样的原料生产瓷器。器物的风格依然会延续一段时间，新器形取代长期沿用的传统器形必然要经历一个缓慢的演变过程。有鉴于此，很难明确地将这批转变期器物定为明代或清代。那些粗糙的五彩瓷，目前认为是明代器物[1]，其实也可能是顺治朝或者康熙早期的产品。将这些瓷器定在17世纪比较稳妥。不仅明清之间的界限不明晰，清朝各代的器物也常常混淆，不易分辨。单色釉器物，按照所有评判标准应是康熙朝的制品，但或许带有雍正年款；而一个典型雍正朝器物可能底足刻有乾隆年号，反过来乾隆年号又被他的继任者们广泛使用。

明清之间的转变期可以认为从明代万历皇帝驾崩的1620年算起，直到康熙二十一年，即1683年臧应选出任御窑厂督陶官为止[2]。在这六十三年的时间中，我们对于景德镇发生的事情知之甚少[3]，这段历史被王朝的权力争斗所掩盖，最终明朝走到了尽头。在万历之后到明朝灭亡的匆匆十九年中，有三位皇帝在位。第一位是泰昌帝，在位一年；第二位是天启帝，在位时间为1621年到1627年；最后一位是崇祯帝，1628年到1644年在位。目前未见泰昌年号款的瓷器。天启年号大多出现在小型碟、盘等质量不高的小件器上【图3】，这类器物装饰虽潦草，但使用了绿、红、茄皮紫、黄等多种釉彩配以偏灰暗的釉下蓝彩，还是具有一定的魅力。这类器物在日本一直很受欢迎，影响了九谷烧的色彩搭配。崇祯年号也是非常少见的。霍布森对崇祯朝评价不高，认为这是“一个不出彩的时期，对于陶瓷收藏者而言寂寂无名”。崇祯年号款出现在一件青花小杯上【图4】，另外在一件瓶子的器身上发现了1639年纪年款【图5】，该器物灰地上装饰有灰蓝色的缠枝花纹。

图3 明天启，青花人物图香炉，天启六年（1626）圆形纪年款，直径13.7厘米，高8.9厘米，底足未施釉，帕尔默(R. H. R. Palmer)收藏。

图4 明崇祯，青花人物纹杯，崇祯款，直径6.85厘米，帕尔默(R. H. R. Palmer)收藏。

这件器物被归为民窑器，因为根据霍布森的观点，这一时期的御窑厂已经处于停产状态。这件瓶子可能是景德镇或附近，甚至也可能是其他省份的私人窑场烧制的，器物胎体厚重，底足有火石红，类似明代的青瓷器。

图5 明崇祯十一年(1638)，青花祭祀铭文双耳瓶，瓶身题识为“信士陈娘作喜拾本宫花斗祈永衣食充足者崇祯十一年吉日舍”，高24.7厘米，福建省制作的民窑器，可能来自龙泉县附近，索姆·詹宁斯(Soame Jenyns)捐赠，大英博物馆收藏。

转变期最具代表性的器物类型是著名的青花瓷器，霍布森认为：“质地结实，适合外销，原料上乘，胎体洁白，底足平整露胎。釉层厚且多气泡，青花呈现出明亮的紫蓝色调，透过密集气泡的釉面，看起来很像是浸在牛奶中的紫罗兰。装饰图案也经常表现出不断重复的特征，这似乎也暗示出当时使用了一套固定的模板。一个常见的类型是人物图，以山水图案为背景，用V形的笔触规规矩矩地描绘了隐藏在卷云和草丛中的大量巨石。其他用以辨认这些转变期器物的特征还有：画法僵硬的叶片[4]，波状花瓣，类似郁金香的植物纹样构成的边框装饰带【图6】。这类晚明器物以及一部分万历器物还有一个特征，即器物边沿会采用比较正规的涡形图案装饰，或采用其他半同源的纹样并突出尖端部分【图7】。”[5]

图6 明崇祯，青花人物故事图瓶，无款，高38.5厘米，明清过渡期青花瓷器，奥古斯特·沃拉斯顿爵士(Sir Augustus Wollaston Franks)捐赠，大英博物馆收藏。

梅尔先生（Mr. de la Mare）收藏了一件独特的瓶子，定年为1638年【图8】。这件瓶子的青花图案上被涂刷了一大片绿彩，不过这可能是后挂彩上去的。这个类型中为数不多的已经定年或可以定年的器物都是明代的，不过定年的标准多是根据欧洲订制的金属镶嵌物的年代，没有其他判断方式。汉堡博物馆现藏或曾藏有一件类似风格的德式青花大啤酒杯，上面附有银盖，定年为1642年；法国尚蒂伊（Chantilly）地区有一件郁金香纹饰瓷瓶带有圈状纪年款，显示是1639或1699

图7 17世纪，青花高士图香炉，无款，直径26.7厘米，明清过渡期瓷器，索姆·詹宁斯(Soame Jenyns)收藏。

图8 明崇祯，1638年，青花绿彩芭蕉图筒瓶。瓶身有“戊寅”纪年款，高30.5厘米，理查德·德·拉·梅尔(Richard de la Mare)收藏。

年。另一件器物的荷兰式金属镶嵌制作于1632到1648年之间[6]。一件颈部装饰郁金香纹样的瓷瓶，还有另一件带银盖的马克杯都（或曾）属于德累斯顿（Dresden Collection）的收藏[7]。这件马克杯的镶嵌装饰定年为1642年。齐默曼（Zimmermann）将这两件器物定为1640年左右。很可能还存在被镶嵌过的带有清代年款的器物，如果这类器物或者与之极其类似的器物不是在1644年之后制作的，那将是很让人吃惊的【图9，图10】。

仅有帕泽斯基（Perzynski）先生关注到了这类器物[8]。一直以来收藏家们都看不上它们，认为只是外销瓷而已，实际上它们也确实如此。

在万历及此后即位的三位明代君主统治时期内，新成立的东印度公司，特别是荷兰东印度公司向景德镇订购了大量青花瓷器。明代晚期一直延续到朝代灭亡的社会动荡肯定让这些订单非常受欢迎，因为它们部分弥补了因为失去宫廷资助以及本土市场动荡造成的经济损失。一直持续的混乱局面让这些雇佣了大批工人的窑场面临两个选择：要么遣散一部分工人，要么为国外市场制造更多的瓷器。很多转变期器物的造型都根据欧洲人的审美趣味做了相应的改变。圆柱形大啤酒杯的手柄上留了一个洞，是为了便于安装金属镶嵌，这是根据荷兰或德国的原型所做的创新。万历和转变期的瓷器常常会出现在斯奈德（Snyders）、卡尔夫（Kalf）及这一时期其他荷兰艺术家的画作中，从这个角度或许可以判断其年代[9]。转变期的单色釉瓷器并不难断代。最常见的器物类型是刻划图案的白釉器。

小碟和高足杯【图11，图12】自成一类，数量不多，但却体现了瓷器装饰的一种全新的独特风格。这个类型在此前的陶瓷研究中没有受到过多的关注。但是这些瓷器上的彩绘呈现出明显的特征，这个类型包括著名的带有成化款的蒙克豪斯瓷盒（Cosmo Monkhouse Box）[10]。还有奥本海姆（Oppenheim）藏品中那件美丽的青花五彩带盖小瓷盒【图 13】，霍布森将其定为成化时期[11]。尽管这件器物的底足和款识与明代器物非常类似，但我还是认为这是一件康熙早期精品，制作于 1683 年以前，而不会是 16 世纪的。问题是没有其他类似器物可供对比。与这类器物相对有些关联的是一系列 1662 年到 1675 年的制品，常常带有康熙年号款，其中一些带有“慎德堂”款识，这是一个只出现在道光朝器物上的堂名款。

另外三个类型中的部分器物也属于这个时期。第一类是所谓的素胎彩绘瓷，小盘、人像或文房用品【图 14】。陶瓷先素烧，再施釉彩，然后采用“半大明火珐琅工艺”焙烧。大多数这类器物都被定为康熙时期产品，但是一些要更早些[12]。第二类包括圆腹、厚盖的大瓷缸和高大的侈口花瓶，以万历时期的青花五彩风格装饰【图 15，图 16，图 17】。大多数这类器物都是采用明代风格，但是一些图案比如海水奔马图案【见图 15】在明清之际都有应用。大部分这种器物的年代可以定在 17 世纪最后 25 年内。

第三类是大盘，在背部的足圈附近有奇怪的凹槽。这类器物常见于印度的收藏，在那里人们用这种大盘来吃饭。这圈凹槽可以使得大盘摆放时更加稳固，或许正好可以放入一个槽形器座中。这类器物多带有康熙年款，通常以素三彩或青花随意地搭配深色和暗色装饰。

在对转变期的这三类器物以及单色釉瓷器进行定年时，这些器物上的特征呈现出更为强烈的粗放感和结实感，使我们倾向于将它们定为明代。透过釉面清

图9 17世纪，青花人物故事图花觚，无款，高42.7厘米，明清过渡期瓷器，索姆·詹宁斯(Soame Jenyns)收藏。

图10 清康熙早期，青花人物故事图小棒槌瓶，嘉靖款，高20.3厘米，直径8厘米，延续过渡期青花瓷器特征，奥古斯特·沃拉斯顿爵士(Sir Augustus Wollaston Franks)捐赠，大英博物馆收藏。

图11　清康熙，青花人物故事图高足杯，无款，高11.7厘米，制作日期应早于1683年，温克沃斯(W. W. Winkworth)收藏。

图12　17世纪，青花花鸟纹小盘，无款，直径15.2厘米，明清过渡期瓷器，亦可能属于康熙早期，温克沃斯(W. W. Winkworth)收藏。

图13　清康熙，斗彩花石葡萄纹小盖盒。“大明成化年制”六字款，高6.1厘米，直径5.5厘米，明清过渡期瓷器，哈里·奥本海姆(Henry J Oppenheim)遗赠，大英博物馆收藏。

图14　清康熙三十一年(1692)，素三彩落花流水纹砚台，长12.5厘米，宽11.5厘米，1912年购买于乔治·R·哈丁(George R Harding)，大英博物馆收藏。

图15　17世纪，青花彩绘海兽纹带盖将军罐，无款，高38厘米，明清过渡期，曾属斯帕克古董行(Messrs. Sparks.)，坎里夫勋爵(Hon. Geoffrey Cunliffe)收藏

图16　17世纪，青花粉彩三多纹罐，无款，高28.6厘米，明清过渡期瓷器，布兰达·扎拉·塞利格曼夫人(Mrs. Brenda Zara Seligman)收藏。

图17　清顺治，五彩人物故事图花觚一对，高47.5厘米，口径22.1厘米，起身一面铭文“财聚黄金殿，喜登白玉堂”，明清过渡期瓷器，奥古斯特·沃拉斯顿爵士(Sir Augustus Wollaston Franks)捐赠，大英博物馆收藏。

晰可见的瑕疵，底足无釉呈火石红色，浑浊的绿色和黄色釉彩，釉面不纯净且充满了气泡，这些都是明代器物的特征。奥提玛（Nanne Ottema）在其研究该问题的论文中提出，最令人相信的判断标准就是器物的底足。如果器物未削足，且未上釉，这几乎肯定是明代器物〔13〕。如果底足边缘锋利，釉层流动受到充分控制，且与未上釉的足墙有清晰的分界线，那么我们可以认为这是清代的器物。这些清代器物的底足以这样的方式处理，似乎是为摆放在木座上设计的。如果这些木质器座的发明被认为是清代产品，我也不会感到意外〔14〕。

在康熙继位到臧应选重组御窑厂之间的十八年中〔15〕，景德镇到底发生了什么已经不得而知。弗格森（Furguson）甚至认为：“在这场改朝换代的动荡中，御窑厂停烧，直到康熙十年（即1671或1672年）才恢复生产。这一论断如果正确，那么现在看到的带有清代第一位皇帝顺治年号款的御用器物都是假的。因为此时景德镇的御窑厂尚未开始烧造，也不会有御用器生产。进而‘康熙早期’这个术语也变得毫无意义。”〔16〕然而，这个论断与顺治时期颁布的两道御旨相矛盾，这两道御旨的译文见卜士礼翻译的《陶说》〔17〕。第一道御旨是关于在顺治十年（1654）为御花园定制龙纹碗〔18〕。事实上，当时的景德镇还无法烧造这样的龙纹碗，因此时任江西巡抚的张朝璘向皇帝上书，请求收回成命，但是朝廷向景德镇下订单这个既成事实暗示这个时候景德镇已经有了御窑厂。在顺治十六年（1659），第二道御旨要求订制长方形的瓷栏板来装饰宫廷的长廊，再次因景德镇无力烧成而作罢，尽管这次官方特地任命了工部理事官噶巴，以及工部

图18 清顺治，青花瑞兽纹小碟，顺治款，直径18.3厘米，曾属布鲁特古董行(Messrs. Bluett.)。

郎中王日藻共同督造，依然还是难逃失败命运。

带有顺治年款的瓷器和明代最后一位皇帝崇祯年款器物一样稀少。霍布森认为它们不太重要，且很难从晚明器物和康熙早期器物中将它们区分出来。他还指出，许多带有“大清年制”款识的器物很可能就是顺治时期烧造的，因为这一款识对于清代的第一位皇帝更加合适。布林克利（Brinkley）说：“在第一位皇帝（顺治）统治时期，似乎艺术行业没有出现明显的复兴。不过还是生产了一定数量的青花厚釉瓷器。这些留存下来的器物质量上乘，胎体厚重坚固，但底部打磨粗糙，通常没有塌底的情况，这些特征都使得它们容易与万历朝器物相混淆，特别是这两个时期青花的色调也非常相似。顺治朝年号款非常少见。”[19]不过，图 18 中的这件带有顺治年号款的青花碟似乎不符合上述论断。这件器物不够精致，胎体不厚重，塌底，而且从外观判断更像是 19 世纪早期的产品。从陶瓷史的角度来看，顺治朝的器物并不出彩，因此这个时期的器物会有这么大的商业价值，大到足以让后世去仿制吗？这很是让人疑惑不解的。遗憾的是，目前还不能确定亨利·亚当斯（Henry Adams）和他的潜水员们 1853 年在开普敦附近的桌湾（Table Bay）沉船中打捞出水的青花器的年代。这些沉船是曾属于原东印度公司商船中的一部分；尽管目前已经知道其中一艘是哈勒姆号（Haarlem，沉没于 1648 年），但是依然无法确认任何一件具体的器物属于哪艘沉船。

除了青花瓷器外，还有两到三件带有顺治年号款的盘子存世。这些盘子通体为蓝紫色釉，内外壁雕刻五爪龙纹【图 19】。其中一件器物被认为集转变期的几个代表性特征于一身[20]。“釉

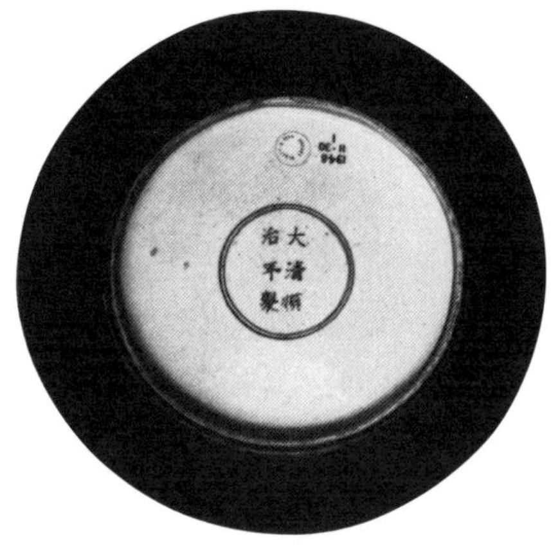

图19　清顺治，霁蓝釉暗刻龙纹盘，"大清顺治年制"六字二行楷书款，直径25.4厘米，购买自埃德加·布鲁耶爵士(Sir Edgar Bluett)，大英博物馆收藏。

彩的颜色——深蓝色和蓝紫的混合色，与嘉靖朝的器物相类似，但是更加接近康熙时期常见的紫蓝色。彩绘质量不错，但尽管龙纹沿用了万历的样式，但是这个时期的龙纹缺乏明代龙的活力。陶瓷烧造工艺，陶土的选用等都延续了晚明的做法。"六字单圈年号款表明这些器物是御用品，尽管弗格森的论断在前，但是我还是认为它们是顺治时期的制品。

另一件顺治时期的产品是一件文昌帝君的瓷塑，文昌帝君是掌管文学才气的神祇，这尊神像身披黄绿两色的衣袍，曾被林德利·斯考特（Lindley Scott）收藏[21]。其背部的题记写道这件塑像制作于顺治十六年（1659）三月十八日。这件器物可能是民窑产品。如果不是有题记，这件作品必然会归入明代。这件瓷塑有力地说明了地方与首都在器物风格上存在滞后性。小山富士夫先生还提到了另一件器物："陶制五层楼阁，绿、紫、黄三种釉色，楼阁上部侧面有顺治十二年（1655）的刻铭。"[22]这件器物属于东京横河民辅的收藏。

顺治时期，郎廷佐被任命为江西巡抚[23]。人们把他和著名的红釉器物——郎窑器联系起来，但是这种说法并没有得到任何文献的证实。郭葆昌将这种红釉和另一位郎姓官员——郎廷极联系起来，他在康熙四十三年（1704）出任江西巡抚，郭葆昌认为郎廷极创立了郎窑瓷器的生产："郎廷极，巡抚江西，专窑烧制，独出心裁，器皆精美，亦供进御，世称郎窑。"[24]然而，弗格森（Ferguson）则认为郎廷相才是郎窑真正的主导者，他认为："在1675年下半年，时任江西巡抚的白色纯卒于任上，郎廷相继任。尽管其任期因丁父忧缩减为仅仅一个月，但这期间他向北京宫中进献了清代生产的第一批御用瓷器。这个长期以来一直受到误解的术语就源自这里，直到1928年初《清史稿》出版后，我才终于解开了这个谜团。宫中侍臣知道这个说法能够取悦康熙皇帝，而郎氏家族一直以来也深受康熙帝的器重。郎廷佐在顺治朝入仕途，后来又被康熙帝

图20　清康熙，郎窑红釉观音尊，无款，高41.7厘米，Keechung Hong捐赠，大英博物馆收藏。

先后委任为两个地方的总督。同时，康熙又任命郎廷相为河南巡抚，之后任福建总督。在康熙晚期，又任命其堂弟郎廷极为江西巡抚，之后担任两江总督。康熙帝对于郎氏家族的厚爱在宫中无人不知。但是没有证据表明这三位中的任何一位对陶瓷生产特别感兴趣，第一批进献宫廷的御器也不太可能与郎廷相有关。当然这批器物不仅包括牛血红（这个产品此后逐渐垄断了“郎窑”这个术语），也包括了各种绿釉、黄釉、红釉、墨彩和其他五彩瓷。”[25]还有研究者将郎窑与郎世宁联系在一起，郎世宁即耶稣会传教士 Castiglione, 1715 年来到中国，有记载他参与了部分极其精美的古月轩瓷器的装饰工作。卜士礼认为郎窑的真实性有待商榷，弗兰克斯（Franks）则认为郎窑在1610年不复存在，格朗迪迪埃（Grandidier）更是认为郎窑是万历时候的事。霍布森指出，郎窑这个名称没有出现在任何与景德镇制瓷业有关的专著中，但是人们认为确有郎氏家族的成员——毕竟郎姓是中国一个常见姓氏，曾居住在景德镇周边，可能是家族中的某个成员与郎窑有关。

图21　清康熙六年(1667)，青花云龙纹“清隐庵”钵，器身椭圆形框中题“康熙六年孟夏月立，弟子王纪喜献”，颈部青花书写“清隐庵”三字，直径22.4厘米，索姆·詹宁斯(Soame Jenyns)捐赠，大英博物馆收藏。

这种牛血红釉色——祭红，另外还有宝石红釉色，并不是新创造，而是将在明代业已烧成并珍贵异常的红釉类型进行复烧，因为这些釉色烧成技巧早在嘉靖朝就便已失传。大部分康熙红釉器不太可能在1700 年之前烧造成功。郎窑器的颜色从暗血红色到明亮的樱桃红色，有多种深浅不同的变化——从法语中有不少美好的名字来描绘它们，如牛血红（sang de bœuf）、鸽子血（sang de pigeon）和鸡血红（sang de poulet），到中文中的“骡肝马肺（一种很暗的褐红色）”以及各种粉褐色调。郎窑瓷器开片精美。最顶级的康熙郎窑红器物口沿流釉，露出一圈白胎或淡淡的苍白的绿【图 20】。釉料必须厚且流动性强，才能够烧出一件郎窑精品。现代仿品优于乾隆时代的仿品，那个时候的制品红色浑浊或有火光，不沉静且修足不佳。十八世纪后期的陶工不知如何控制这种色釉，流釉过足的部分不得不人工打磨掉。

图22　康熙六年(1667),青花山水纹碗,康熙青花圆形纪年款,直径11.4厘米。帕尔默(R. H. R. Palmer)收藏。

我们对康熙早期器物（即自康熙即位的 1662 年到臧应选掌管御窑厂的 1683 年间生产的瓷器）知之甚少，这和明代最后几年的陶瓷生产状况一样扑朔迷离。一件粗糙的深色青花香炉【图 21】，装饰有两条龙纹，器物上有青花题记：“康熙六年（1667）孟夏月立，弟子王纪喜献清隐庵。”此外还有一件同一时间的小碗【图 22】，这两件器物为我们判断此类民窑粗制产品的时代提供了依据。第一件香炉也有转变期器物标志性的棕色口沿。另外两件瓷瓶，一件为青花装饰，另一件类似万历风格的釉下蓝彩配合釉上五彩装饰，通过对比，也可以肯定是属于康熙早期，原因是釉下蓝彩的品质很高【图 23，图 24】。这两件瓷瓶的胎体厚重，釉面闪青，且无瑕疵，器型粗笨。另外还存世一些具有相同特征、品质更好的器物【图 25，图 26，见图 10】。

图23　清康熙,青花火珠龙纹双耳瓶,无款,高31.5厘米,约康熙六年(1667)制作,索姆·詹宁斯(Soame Jenyns)收藏。

到了 1671 年，据史料记载，宫廷从景德镇定制了成套的祭器，供皇帝在北京太庙祭祀祖先时使用。一件青花釉里红深腹盘[26]【图 27】，上面描绘了一位半坐的仕女，此盘上的圆形款识表明其生产时间是 1672 年[27]。弗格森在获取宫廷的信息方面有着旁人无法企及的优势，他认为御窑厂直到 1671 年才重新烧造瓷器，此时的江西巡

图24　清顺治或清康熙时期，五彩麒麟纹筒瓶，无款，高37厘米。原为唐纳利(P. J. Donnelly)旧藏，后由索姆·詹宁斯(Soame Jenyns)收藏，后经纽约苏富比2016年9月17日拍卖，编号936，成交价：5,000美金。

图25　清康熙，青花折枝莲纹高足杯，康熙款，高10.2厘米，制作日期应早于1683年，温克沃斯(W. W. Winkworth)收藏。

图26　清康熙，早于1683年，青花山水图杯，高6.35厘米，哈里·奥本海姆(Henry J. Oppenheim)遗赠，大英博物馆收藏。

图27　清康熙十一年(1672)，青花釉里红仕女图折沿盘，堂名款，高36.8厘米，曾为S. 温克沃斯(S. Winkworth)收藏。

抚董卫国对于瓷器生产兴趣不大，此时的御窑厂仅生产皇家祭器。他认为："我们现在可以认定康熙朝祭器不早于1671年，御用瓷器的年代不早于1675年。"[28] 如果这种论断是正确的，也只适用于御窑厂。在1673年，因吴三桂叛乱，江西陷入一片动乱之中，童卫国或临阵脱逃，或消失了，他的职权由白色纯将军接管。白色纯卒于1675年，同年景德镇诸瓷厂遭到叛军的劫掠，并纵火焚毁，或许可以推测他正是死于这场叛乱之中。根据《浮梁县志》的记载，直到1677年浮梁县令张齐仲被任命为督陶官，瓷厂才得以重建[29]。从史料记载来看，张齐仲是一位有良知的官员，在他和之后的一位督陶官的压力下，强征劳力到御窑厂服劳役的制度似乎得以废止[30]。他还成功地保留了浮梁县的土地税，作为支持御窑厂运作的资本，以往这笔税收都是要上交朝廷的。他更著名的事迹是，在他管理御窑厂的最初几年，就颁布了一条禁令："禁镇户于瓷器上书写年号及圣贤字迹，以免破残。"[31]至今尚不清楚这条禁令执行了多久，以及是否严格试行。许多清代瓷器底足带有空白双圈款、一片菊叶、一只野兔、双鱼、香炉（通常被英国古董商看作是蜘蛛标记），这些器物的年代大都被错误地认定。因为这些器物大多数过于优雅，打磨工艺精良【图28】，不太可能是那么早的产品。

图28 清康熙，青花釉里红海水立龙纹观音尊，"灵芝"花押款，高45.2厘米，口径11.5厘米，奥古斯特·沃拉斯顿爵士(Sir Augustus Wollaston Franks)捐赠，大英博物馆收藏。

1680年，新的督陶官徐廷弼上任，不过他只在任一年。根据《景德镇陶录》的记载，就在这一年，御窑厂承接了第一批为宫廷烧造御用器的任务，徐廷弼和他的助手、主事李廷禧废止了强征劳工的做法。在他在职期间，他似乎就住在窑场内。也是在这一年，景德镇躲过一场大劫。事情是这样的，康熙皇帝一度有意把御窑厂迁往北京，他已经在宫中辟出一块区域成立造办处，下属27个作坊，分别制作金属、玻璃器、珐琅、玉器、漆器以及同类艺术品。他还计划建一个瓷器厂，生产设备和工人都从景德镇征调到北方去；但是这个想法后来没有实行。殷弘绪的信中提到这次尝试，是这样说的："统治的君主（康熙）不会忽视任何细节，他召集了一批工人到北京，连同他们工作中使用到的所有工具。为了在他的亲自监管下成功烧造瓷器，他们事无巨细处处关照，然而所有的努力都没有成功。可能在景德镇，利益的动机促使了他们对烧成的渴望。不管是什么因素，只有景德镇这个地方才能享有为世界烧造瓷器的特权。即使日本也到这里采购瓷器。"在这一年的九月，宫廷颁布了命令，宣布此后从景德镇订烧宫廷御用器。特地从内务府挑选人手组成委员会，到景德镇监督这项工作。1682年又任命了第二批监督人员，以工部郎中臧应选为首，他们于康熙二十一年（1683）二月抵达景德镇，此后臧应选继任御窑厂督陶官一职[32]。

在中国瓷器收藏家的脑海中，17世纪是与转变期、改朝换代、景德镇窑场的衰败、御窑厂的倒闭停产这些事件紧密相关的。但是对绘画爱好者来说，这是中国艺术史上最辉煌灿烂的时期之一，从陈洪绶、朱耷开始，接着又有恽寿平、王翚、石涛和髡残，并不是所有的艺术形式都处于停滞的状态。就像元代的情况一样，泱泱中华足以克服时艰，并产生伟大的艺术家。陶瓷业的衰落只不过是暂时的。

---

〔1〕这些器物大多没有款识。

〔2〕直到1644年才推选出顺治继承皇位，而明代最后的皇位继承人直到1662年才在西南地区被吴三桂杀害。

〔3〕“在1620—1680年这六十年时间中，我们几乎没有找到任何有关御瓷厂的记载。唯一可以确认属于那段时期景德镇产品的是精致的青花瓷器，这类产品是私人窑场专为外销烧造的。”出自Nanne Ottema, *Handboek Chinesische Ceramiek*, ch. IX.

〔4〕这一点是这个类型器物最突出的特征。参见图6、图7和图8。

〔5〕R. L. Hobson, *The Wares of the Ming dynasty*, p. 168.

〔6〕*Country Lift*, Jan. 29, 1921, Fig. 10.

〔7〕Ernst Zimmermann, *Chinesische Porzellan*, Plate 54.

〔8〕F. Perzynski针对一组中国瓷器在《伯林顿杂志》(*Burlington Magazine*)上发表过三篇文章，刊登在1910年10月至1911年3月。

〔9〕Nanne Ottema, *Handboek Chinesische Ceramiek*, pp. 179-183.

〔10〕Cosmo Monkhouse, *A History and Description of Chinese Porcelain*, Plate Ⅱ. 这件瓷盒曾由卜士礼收藏。

〔11〕Hobson, Rackham and King, *Chinese Ceramics in Private Collections*, ch. VI, Fig, 131.

〔12〕这个类型的一方瓷砚，年代为1699年，见图14。

〔13〕这不正确。许多转变期的器物底部不施釉，这一特征在康熙晚期器物上也有出现。

〔14〕Nanne Ottema, *Handboek Chinesische Ceramiek*, ch. XIX.

〔15〕译者注：原文为“八年”。

〔16〕John Ferguson, *Survey of Chinese Art*, ch. VI, Ceramics, p. 91.

〔17〕这些订制瓷器的谕令收录在《景德镇陶录》卷一中，书中记载：“由皇室（清代）建立的专烧瓷器的工厂始烧于顺治十年（1653）。”译者注，《景德镇陶录》卷二载：“国朝建厂造陶，始于顺治十一年（1654）奉造龙缸。”文献记载与作者的描述有一定的出入。

〔18〕这些大碗被放在御花园的台地上，用于培植荷花或其他水生植物，养殖金鱼等。

〔19〕F. Brinkley, *Japan and China*, vol. 9, p. 136.

〔20〕Edgar Bluett, *Ming and Qing Porcelains*, p. 69.

〔21〕*Sotheby's Catalogue of the Lindley Scott Sale*, 4th July, 1945, Plate 67.

〔22〕小山富士夫:《年款ある支那の古陶磁》，《陶磁》第9卷4期，1937年。

〔23〕郎廷佐在1654年升任两江总督。在顺治在位的最后一年（1661），两江被分为江南和江西。郎廷佐继续担任江南总督，张朝璘升任江西总督。在康熙四年（1665年），这两个地区又再次合并，由郎廷佐任总督，后由一位满族正黄旗官员继任。

〔24〕郭葆昌:《瓷器概说》，收入《参加伦敦中国艺术国际展览会出品图说》第二册《瓷器》，上海：商务印书馆，1936年。

〔25〕John Ferguson, *Survey of Chinese Art*, p. 91.

〔26〕*Sotheby's Catalogue of the Stephen Winkworth Sale*, 26th April, 1938.

〔27〕我没有理由怀疑这个或更早的题记的真实性。

〔28〕John Ferguson, *Survey of Chinese Art*, p. 91.

〔29〕霍尼和霍布森认为是直到1681年的。见W. B. Honey, *The Ceramic Art of China and other countries of the Far East*, p. 139.

〔30〕根据《陶录》记载，引用了一条更早的文献《邑志》——浮梁县下辖的几个村庄以及鄱阳县的村庄最初为御窑厂提供劳力。之后鄱阳县的村镇成功地摆脱了窑役，但是浮梁县一直维持了这一制度，直到张齐仲重新改革后才废止。

〔31〕《陶录》卷八。

〔32〕这是卜士礼的描述，《陶录》中的记载也支持这一说法。

第三章　臧应选的督陶官岁月及之后的日子

臧应选最初于1682年被皇帝任命为瓷器烧造的负责人，到景德镇调查和监督窑厂的生产情况。随着1683年臧应选被任命为御窑厂督陶官[1]，一个新的时代就此开启。康熙此时已经放弃了将御窑厂迁往北京的想法，此后他全力赞助景德镇的陶瓷烧造，御窑厂也因此进入了最辉煌的时期。

我们对于臧应选本人的情况知之甚少，除了知道在担任督陶官前，他在京城工部造办处任郎中。汉诺威（Hannover）推测，他是一个技艺高超的制陶大师。唐英，他的继任者之一，在撰写的《火神童公传》中提到臧应选任督陶官期间，“人们经常会在窑炉中看到火神童宾的形象，他不是在瓷器上进行彩绘就是保护瓷器免遭破坏，因此烧出的器物完美精致”。同一文献中显然还有另一条记载是这样说的：“臧应选工作的时候，火神会现身指点器物的彩绘，并护佑窑炉中的瓷器，因此器物出窑时非常完美。”遗憾的是，唐英并没有详细介绍臧应选的个人情况和艺术品位。目前并不清楚臧应选任督陶官的准确时间，但是似乎在他离任到年希尧1726年继任之间有很长一段间隙。殷弘绪在他1712年和1722年所写的两封信件中也未提及臧应选的名字，但是这两封信中对于景德镇夸张的描述，说这是一个方圆四英里的小镇，人口超百万，有三千座窑炉，到了晚上看起来好像着火一般，这些肯定是臧应选在任或离职后不久时景德镇的状况。

图29　18世纪，绿釉贴塑螭龙纹瓜棱瓶，高19.8厘米，大英博物馆收藏。

《陶录》中关于臧窑的记载[2]，首先介绍了臧窑器物陶土质地丰润，釉色丰富灿烂，胎体轻薄，进一步列举了在其任督陶官期间御窑厂新创的四种特殊釉色。它们是：

（a）鳝鱼黄

（b）黄斑点

（c）蛇皮绿【图29】

（d）吉翠

书中还赞赏了他烧造出的浇黄、浇紫、浇绿、吹红，还有吹青等器物。郭葆昌认为：“有清一代，康、雍、乾三朝御窑制器，美备精良，超越前古。康熙间督瓷有名者，二十年（1681）臧应选以工部

图30　清康熙，素三彩瓷塑狮子一对，高约16.5厘米，瓷狮前额刻“王”字，曾属斯帕克古董行(Messrs. Sparks)，约翰逊(W. Jahnson)藏品。

图31　清康熙，黄釉暗刻兽面纹凤首提梁壶，无款，高14厘米，斯维特纳姆(Swettenham)收藏。

图32　清康熙，黄釉暗刻三多纹盘，“大清康熙年制”六字二行楷书款，直径27.2厘米，高5.4厘米，康斯坦丁收藏，1944年，威廉爵士(Sir William)及布瑞尔女士(Lady Burrell)捐赠给格拉斯哥市，格拉斯哥美术馆收藏。

图33 18世纪，山茶绿釉杯，无款，高6.1厘米，大英博物馆收藏。

图34 18世纪早期，郎窑绿釉小天球瓶，无款，高10.2厘米，大英博物馆收藏。

图35 19世纪，孔雀绿釉折腰盘口瓶，无款，高32.7厘米，直径22厘米，奥古斯特·沃拉斯顿爵士(Sir Augustus Wollaston Franks)捐赠，大英博物馆收藏。

郎中驻厂督造，所制瓷品，多循宣、成法度，诸色兼备，世称臧窑。”[3]霍布森认为鳝鱼黄釉很可能是施于素胎上的一种棕色釉，但是伯灵顿府举办的中国艺术展上，由中国政府选送的一件标明为“臧窑”的器物呈现出茶叶末釉色，这种釉色一般都认为是乾隆时期在督陶官唐英任内烧造的。卜士礼认为黄斑点釉色与黄、绿、茄皮紫三色斑纹的器物是一个类型，后者俗称为“虎皮三彩”“鸡蛋菠菜”【图30】。布林克利（Brinkley）视之为一种带有绿色、黄色斑点的低温瓷器；但是（如霍布森所言）“必须承认，这个名字非常含糊，各种有黄色出现的斑点纹瓷器都可以用这个名字来描述”。如果想要认清楚所有釉色，必须从晚期清宫瓷器收藏的标签入手。

康熙时期瓷器上的各种黄色，不管是类似报春花、佛手柑、金丝雀、柠檬还是稻草的黄色，都是淡淡的、透明的【图31，图32】。这个时期各种各样的青色也是如此，不管是类似豌豆的绿色、郎窑绿、山茶花青【图33】还是康熙朝最著名的三种绿色釉：瓜皮绿、蛇皮绿、苹果青【图34】。值得一提的是苹果青釉色备受欧洲收藏家青睐，因此常有复制品。蛇皮绿很可能是一种深绿，且随着观看位置不同而变色，这种釉色也很常见。这些釉色常见于彩瓷和单色釉器物上，因此不难发现在康熙时期的单色釉瓷器中的青色釉和彩绘瓷器中的素三彩、五彩一样都占据着主导地位。这时期的翡翠色与孔雀绿釉色似乎很难区分【图35】。由于器形和釉料对于判断没有任何帮助，而它们在明代已经深受喜爱，同时在乾隆时期也有大量生产，所以对这两种釉色进行断代非常困难【图36】。

殷弘绪和唐英都向我们描述了如何用竹管将洒蓝釉吹制到器物表面的工艺[4]。这项技术似乎在康熙朝以前尚未出现。之后用同样方法制成的器物再也没有达到这样明亮深蓝的色调。洒蓝釉瓷器通常绘有西番莲或其他金彩纹样[5]【图37】，或在康熙五彩的开光中装饰使用。有一种被法国人称为“Mazarin Blue”的深紫蓝色釉瓷器也会使用金彩装饰【图38】。在法国，古蒂埃(Gouthiere)或者卡菲瑞(Caffieri)多用镀金来镶嵌这种单色釉瓷器[6]【图39】。法国人称为“月光”的器物也是臧应选任期内新创的一种单色釉瓷器。

图36　清康熙，浅蓝釉束腰瓶，堆料款识，康熙款，高16.5厘米，温克沃斯(W. W. Winkworth)收藏。

红釉器中，著名的郎窑红前文已有介绍。而臧窑的另一个突出成就是创烧了豇豆红釉瓷，这是一种偏棕色的红色，釉面布满略带粉色的红色波纹，绿色和苔灰色点缀其间。这种釉色多为小件器【图40】，稍大一些的器物多为底部内凹的双耳细颈瓶。追寻这种器形的来源将会是非常有趣的历程，大多数这样的双耳瓶都是后世的仿品。根据殷弘绪的介绍，1722年新创的另一种釉色是乌金釉，同样以金彩装饰【图41】。该釉色是在明代出现的著名浅褐色系（caféau lait，紫金）釉色的基础上创新而成的[7]。在康熙朝，这种釉色常用来装饰盘外壁，内壁以青花装饰【图42】，之后开始用这种釉色和珐琅红彩装饰碗外壁，多用于外销瓷。银彩的使用也被殷弘绪认为是这个时期是新发现，但是其他文献记载显示这是唐英任督陶官时期的新做法。

图37　清康熙，洒蓝釉描金寿字花口盘，“绿荫堂”堂名款，直径18.5厘米，大英博物馆收藏。

康熙朝另一项创举是滑石或软胎，殷弘绪提到这是1722年的新工艺。他写道：“加入滑石烧造的瓷器数量不多，比一般瓷器价格昂贵很多。

图38　清康熙，霁蓝釉花觚，高61厘米，器内壁施白釉，曾属斯帕克古董行(Messrs. Sparks.)，瑞克斯韦尔·比德尔(Wrexell Biddle)夫人收藏。

图39-1 清乾隆，青釉瓜棱橄榄瓶及壶一对，双柄橄榄瓶瓶身制作于1740年，金属手柄镶嵌于1750年，高54.3厘米，宽30厘米，瓷瓶镶嵌以洛可可风格镀金手柄，两边各放置一个体量较小的瓷瓶，以同样风格镀金物改造为瓷壶。小瓷瓶瓶身制作于1725-1735年间，金属手柄镶嵌于1745-1749年间，高29.8厘米，宽14.5厘米。壶身镶嵌物带有皇冠的“C”字样(代表法语“cuivre”铜)；在1745年3月5日到1749年2月4日这段时间内，法国的各式金属器物均可见该标记，标明此物品已缴税。华莱士(Wallace)收藏，现藏于伦敦华莱士收藏馆(The Wallace Collection)。

图39-2 清乾隆，粉色釉盖碗，高32厘米，宽35厘米，以洛可可风格镀金物镶嵌，在法国用作香薰瓶。这对瓷碗据说曾经是路易十五的姐妹(Mesdames de France)的旧藏，来自德贝尔维尤城堡(The Chateau de Bellevue)，华莱士(Wallace)收藏，现藏于伦敦华莱士收藏馆(The Wallace Collection)。

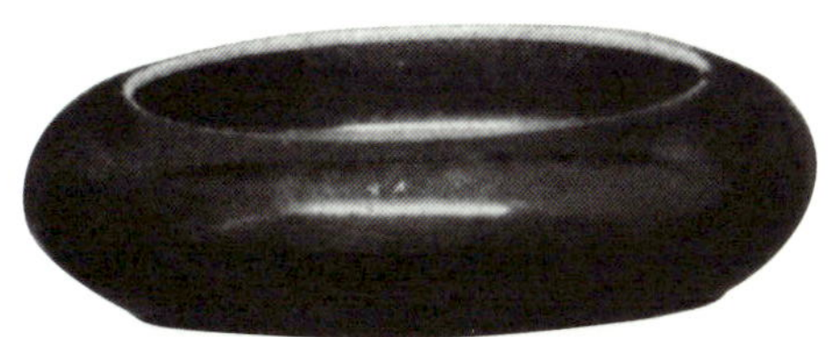

图40 清康熙，豇豆红釉镗锣洗。“大清康熙年制”六字三行楷书款，直径12.2厘米，曾为史维特纳姆(Swettenham)收藏。

图41 清康熙，乌金釉描金缠枝花卉纹碗，花押款，直径19.2厘米，高8.4厘米，阿瑟·亨利·巴维尔(Rev Arthur Henry Sanxay Barwell)捐赠，大英博物馆收藏。

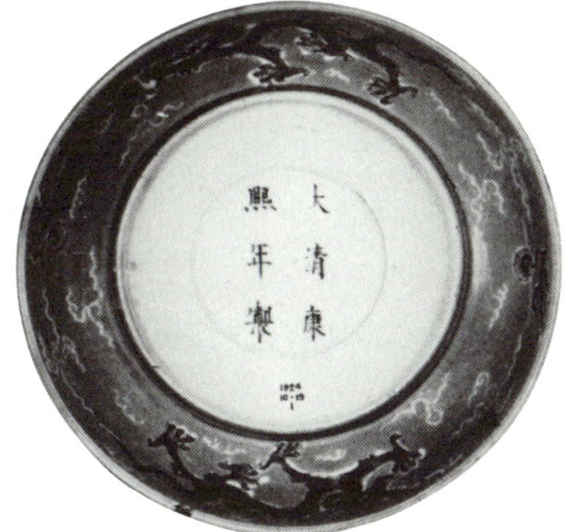

图42 清康熙，褐地青花龙纹盘。“大清康熙年制 ”六字二行楷书款，直径20厘米。1924年购买自布鲁特古董行(Messrs. Bluett.)，大英博物馆收藏。

图43 清雍正，青花山水图杯，成化款，高10.2厘米，“软质瓷”，温克沃斯(W. W. Winkworth)、唐纳利(P. J. Donnelly) 收藏。

图44 清乾隆时期或更晚，青花瑞鹿纹杯，成化款。直径6.8厘米，“软质瓷”，大英博物馆收藏。

图45 清康熙，青花人物图笔筒，无款，高14厘米，“软质瓷”，温克沃斯(W. W. Winkworth)收藏。

图46 清康熙，青花海水瑞兽纹碗，成化款，直径10.2厘米，软质瓷，索姆·詹宁斯(Soame Jenyns)收藏。

图47 清康熙晚期，斗彩折枝花蝶纹罐，“大明成化年制”六字二行楷书款，高13.3厘米，直径10.6厘米，开片半脱胎，曾属查尔斯·E·罗素(Charles E. Russell)旧藏，大英博物馆收藏。

这种瓷器质地极其精细，在其胎上作画时与一般瓷器胎的区别就像牛皮纸与普通毛边纸的区别。而且，这种瓷器对于那些习惯了其他品种瓷器质量手感的人来说，会感到出人意料的轻。它也比普通瓷器更加脆弱易碎，确定其最佳的烧造温度是一件不容易的事情。一些陶工不用滑石作器胎，而是将其制成一种胶液，陶工们将晾干的瓷胎浸入其中，这样瓷胎表面就挂上一层胶质层，便于颜料和色釉的附着固定，这样的做法使得器物非常美观。”[8]这类瓷器生产过程成本高昂，因此大多数器物都只作为书房雅玩，比如小型水滴、笔架和装饰性花瓶【图43】。很多这类器物胎壁薄如蛋壳，釉面有橘皮纹或精致开片，但是大多数此类器物都是乾隆朝及此后烧造的【图44】。图45中的笔筒胎体细密坚固，或许也是用这种方法制作的，而带有大开片的碗通常被认为属于更早的时代【图46】。那些施釉的软浆胎瓷器也非常地罕见【图47】。

康熙时期非常流行白色釉瓷器。康熙白釉瓷的装饰形式有刻划花纹【图48】、透雕穿孔（玲珑瓷）、素胎模印、浅雕【图49，图50，图51】等。素面白胎瓷器上常有陶工的签名，比如“蒋明高”（Chiang Ming-kao）和“陈国治”，因而推断它们不是御窑厂的产品。永乐时期烧造的这种薄如蛋壳的白瓷（脱胎瓷）在康熙时期有仿制，早在明代的成化、隆庆和万历时期即有仿品，在康熙之后的雍正、乾隆两朝也有仿烧，因此接触此类白瓷，要特别谨慎小心[9]【图52】。

还有一类白瓷，其胎釉的质感类似滑石瓷器。这是仿制经典的定窑器物烧成的粉定。一些器物

图48　清康熙，白釉淡描青花暗刻云龙纹玉壶春瓶，成化款，高17.8厘米，腹径11厘米，奥古斯特·沃拉斯顿爵士(Sir Augustus Wollaston Franks)捐赠，大英博物馆收藏。

图49　18世纪，白釉高浮雕松鼠葡萄纹瓶，叶纹形花押款，高21.6厘米，现定年为19世纪，1938年购买自乔治·尤摩弗帕勒斯(George Eumorfopoulos)，大英博物馆收藏。

图50　明清过渡期或稍早，白釉镂空寿字纹碗，无款，直径9.4厘米，大英博物馆收藏。

图51　18世纪，白釉镂空刻一路连科小笔筒，无款识，高9.5厘米，原为李鸿章、William E. Glyn旧藏，1945年4月6日纽约拍卖，编号369。后经 Winston Guest收藏，并于1967年12月2日纽约拍卖，编号26，及1988年11月15日香港苏富比拍卖，编号66，成交价：22万港币。

图52　18世纪，白釉暗花斗笠小杯，永乐款，直径5.8—8.9厘米，哈里·奥本海姆(Henry J. Oppenheim)遗赠，大英博物馆收藏。

图53-1 17世纪，仿定窑白釉模印云龙纹蒜头瓶，高22厘米，现定年于18世纪，1938年购买自乔治·尤摩弗帕勒斯(George Eumorfopoulos)，大英博物馆收藏。

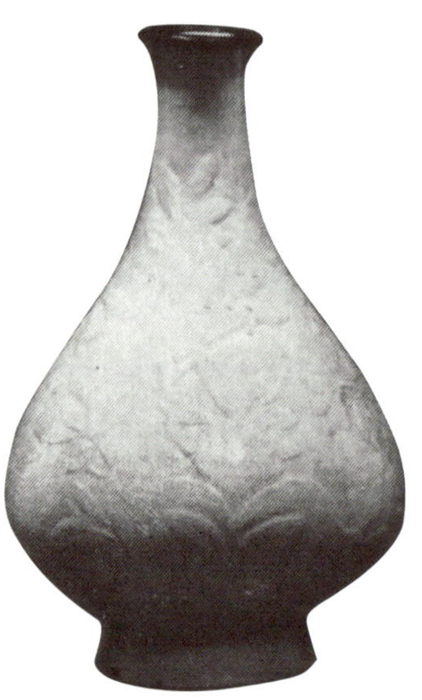

图53-2 清康熙，白釉浅浮雕仿定窑缠枝花卉纹小胆瓶，高18.8厘米，大英博物馆收藏。

图53-3 清康熙，仿定窑白釉浅浮雕灵芝龙纹胆式瓶，高21.6厘米，现定为18世纪，1937年购买自乔治·尤摩弗帕勒斯(George Eumorfopoulos)，大英博物馆收藏。

图54-1 清康熙，白釉暗刻缠枝花卉纹瓶，高11.9厘米，瓶口镶金属边，大英博物馆(The British Museum)收藏。

图54-2 清乾隆，白釉暗刻纹饰盘口双耳瓶，高12.2厘米。大英博物馆(The British Museum)收藏。

图54-3 清康熙，白釉浮雕缠枝花卉纹棒槌瓶，无款，直径12.2厘米，大英博物馆(The British Museum)收藏。

的象牙白釉下刻划五爪云龙纹，也有在瓷胎上压印突起的浅浮雕纹样。这类器物在雍正[10]、乾隆时期都有复烧。一部分康熙朝粉定器物带有宋代款识。相当多的粉定器，乳白色的胎体十分松软，能够轻松用小刀刻划，到目前还被当做宋元时期的瓷器【图 53，图 54，图 55】。

开片瓷受到殷弘绪的推崇。他描述道："这些瓷器通体有大理石状的纹理，向各个方向延展，如同一张无尽延伸的网。从远处观察，你或许会以为它是破裂的，但是所有的碎片都完好地聚合在一起。就像一件马赛克作品。"中国人使用很多名词来描述这项技术，比如碎器、冰裂、鱼籽等。根据《陶录》的记载，这种釉色是用一种产于三宝棚的自然岩石制备的，用它制备出制作开片瓷器的原料，这种原料经过精心淘洗后，通过沉淀，取其最上面悬浮的部分可制成细小开片，如仅作简单淘洗则产生大开片，如此一来便可随意制成各种开片效果【图 56】。

本书在此不再详细讨论数量众多的青花和珐琅彩瓷，这些器物都是这个时期最典型的产品。18 世纪销往欧洲市场的数千件产品都是在景德镇的私人窑场生产的；大多数情况下，从它们的器型和装饰纹样来看，是完全为外销而烧造的【图 57，图 58，图 59】。这类瓷器中有一些器物，没有为了适应欧洲市场而进行改变，应该是当时在国内市场销售的【图 60，图 61，图 62，图 63，图 64，图 65，图 66，图 67】，包括著名的"十二月花神杯"和盘子【图 68，图 69】。

大家都希望将来可以对这些数量众多的青花瓷器和粉彩瓷器进行编年排序，目前，只有帕泽斯

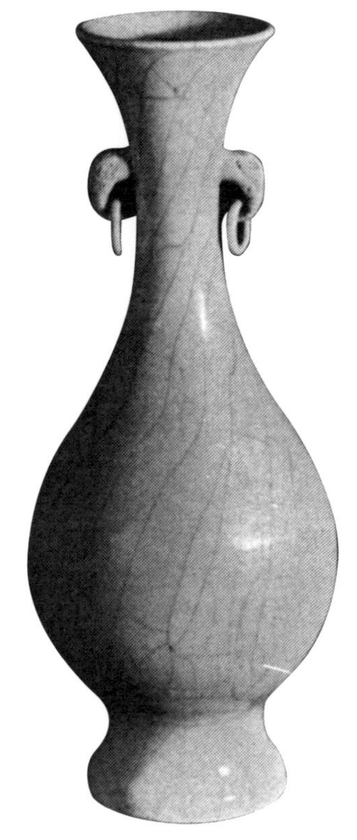

图55　清雍正，白釉开片双环耳观音瓶，高20.3厘米，大英博物馆收藏。

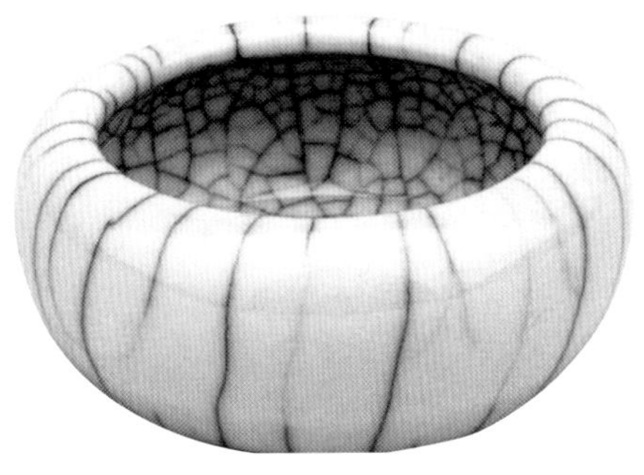

图56　约1800年，仿官釉笔洗，成化款，高5厘米，直径11厘米，托马斯·沃特斯(Thomas Watters)捐赠，大英博物馆收藏。

图57 清康熙，彩绘松鹤鹿盘，直径25.4厘米，德累斯顿收藏记号(N-179.I)，西德尼・莫斯(Sidney Moss)收藏。

图58 清康熙，素三彩仕女图盘，无款，直径38.1厘米，曾属斯帕克古董行(Messrs. Sparks.)，查尔斯・科洛尔(Charles Clore)收藏。

图59 清康熙，粉彩婴戏侍女图盘一对及瓶，康熙款，盘直径均为26厘米，瓶高14.52厘米，曾属布鲁特古董行(Messrs.Bluett)。

图60 清康熙，五彩花鸟诗文碗，无款。直径19.6厘米，西德尼・莫斯(Sidney Moss)收藏。

图61 清康熙，彩绘田耕图诗文碗，无款，直径18厘米，杰拉德・莱特林格(Gerald Reitlinger)收藏。

图62　清康熙，彩绘武将图盘，成化款，直径26.2厘米，杰拉德·莱特林格(Gerald Reitlinger)收藏。

图64　清康熙，彩绘高士图棒槌瓶，无款，高20.32厘米，杰拉德·莱特林格(Gerald Reitlinger)收藏。

图63　清康熙，五彩高士图小棒槌瓶，无款，高15.24厘米，哈里·奥本海姆(Henry J. Oppenheim)遗赠，大英博物馆收藏。

图65　清康熙，素三彩暗刻龙纹花蝶图碗，康熙款，直径15.2厘米，曾属布鲁特古董行(Messrs.Bluett)。

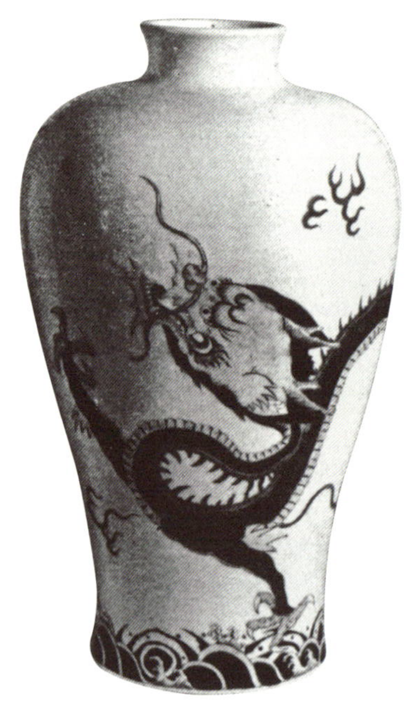

图66 清康熙至雍正时期，素三彩龙纹梅瓶，无款，高39厘米，曾属斯帕克古董行(Messrs.Sparks.)，坎里夫勋爵(Lord Cunliffe)收藏。

图67 清康熙至雍正时期，五彩荷塘花鸟图碗，无款，直径17.3厘米，现定年为清康熙1710-1720时期制作，H. B. 哈里斯(H. B. Harris)遗赠，维多利亚及艾尔伯特博物馆收藏。

图68 清康熙，五彩花神杯(两只)。“大清康熙年制”六字二行楷书款，高5厘米，直径6.35厘米，大英博物馆收藏。

图69 清康熙，五彩御用祝寿“万寿无疆”花鸟纹盘，“大清康熙年制”六字二行楷书款，直径25.4厘米，盘沿上饰四个开光，分别嵌入篆体字“万寿无疆”，为庆贺1713年皇帝60岁生辰而定制。此件之前的所有者：赫伯特·G·斯奇尔斯(Herbert G. Squiers)，后于1912年4月在纽约的美国艺术协会出售，编号34，售价55美元；之后由利德尔(Liddell)及查尔斯·E·罗素(Charles E. Russell)收藏，大英博物馆收藏。

图70 清康熙，青花山水题诗图折沿盘，“大明成化年制”六字款，直径20.6厘米，安德鲁·伯曼(Andrew Burman)遗赠，维多利亚及艾尔伯特博物馆收藏。

基（Perzynski）尝试对青花瓷器进行了分类。他的分类理论经过仔细研究，可以从这些器物的装饰纹样中分辨出个人特色鲜明的不同艺术家的手笔。他认为某些画工负责描绘几种常见的图案，比如"山楂图案"（实际上是桃花纹饰）；"卷丹状图案"（而参差的叶片显示它们其实是菊花）；仕女图案（美人），18 世纪荷兰人称之为"Lange Lijsen"，英国人则称之"Long Elizas"。根据这样的分类标准，他将康熙时期瓷器上的纹样分为五个类型[11]。但是这个研究方式没有得到任何结论。康熙时期的常见纹样后来被数以千件地仿制。其中有一些是单人制作的，而其他都是流水线作业，经历几人接力完成。这些画工按照中国的标准，仅仅是一般的匠人，它们的名字并不为人所知。一位山水画工的手法可能比他的学徒精湛，但是画工自己还是寂寂无名的。大多数青花瓷器的风格都是冷峻、呆板甚至是单调乏味的，因为这些多为大规模流水线产品，但是其中也不乏个别具有高超艺术价值的器物【图 70，图 71】。这件器物已经没有了明代器物自然勃发的活力和自由性，但是在装饰效果上达到了一种平衡对称的美感。其中的极品，器形优美，釉面完美无瑕，胎体质地洁白。或许这些极品器物最动人的特质是那种细密、有光泽、有动感的湛蓝釉色，简直有种难以匹敌，无以伦比的美。其烧成的秘诀在于对钴蓝料的反复淘洗和研磨[12]。

图 71　清康熙，青花花卉纹观音瓶，无款，高 42.4 厘米，直径 21 厘米，奥古斯特·沃拉斯顿爵士(Sir Augustus Wollaston Franks)捐赠，大英博物馆(The British Museum)收藏。

内恩·奥提玛（Nanne Ottema）认为这类极品器物烧造于 1700 年左右。一旦这些器物在描绘好之后而未正确地施釉，或者在窑炉中过烧，那么蓝色将会变黑或烧飞。釉下铜红釉的烧造则更难掌控。在嘉靖和万历朝，铁红因其价格低廉且易于

图 72　清康熙，釉里红牡丹菊纹贯耳瓶，无款，高 33.6 厘米，曾为斯蒂芬·温克沃斯(Stephen Winkworth)旧藏，后经伦敦佳士得，2006 年 7 月 11 日拍卖，编号 130，成交价：8,400 英镑。

图73 清乾隆，青花釉里红葫芦纹葫芦瓶，无款，高36.2厘米，温克沃斯夫人(Mrs. W. Winkworth)收藏，于1978年11月29日，香港苏富比拍卖，编号274。

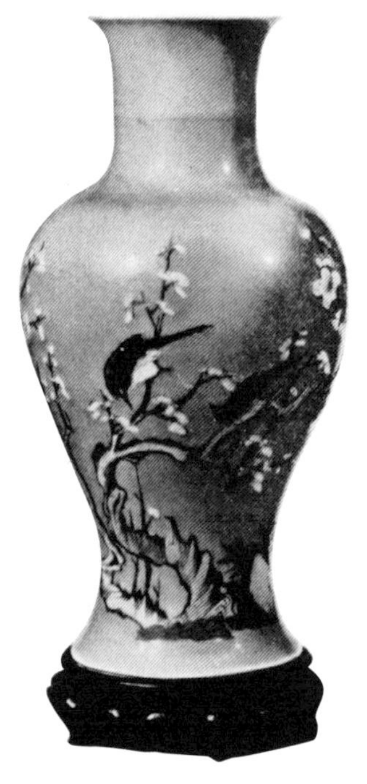

图74 清康熙，豆青地留白青花釉里红喜鹊登梅图观音瓶，高39.4厘米，曾属布鲁特古董行(Messrs. Bluett)及亚历山大(Alexander)收藏。

烧成，便取代了铜红釉。到了康熙朝，铜红釉再次开始烧造，称为釉里红【图72】。李明（Louis Le Compte）显然对釉里红器物评价不高，他在1686年的著作中写道："画面算不上美丽。为了瓷器画面的美观，制作者理应使用所有颜色加以描绘，但是他们一般使用红色、蓝色更多。我还没见到一件红色烧得足够鲜艳的器物，这并不是因为中国人烧不出鲜艳明亮的红色，可能是因为粗糙的胎体使得红色最鲜活、最精致的部分无法表现出来……至于蓝色，他们已经可以烧得炉火纯青了。现在已经能烧造很精良的青花瓷产品，我在一些官员家中就看到整套极其精致的瓷器……私人用器甚至比御用器更好，因为皇帝付的钱不够多。"[13]康熙、雍正、乾隆三朝烧成的釉里红发色最正、最美丽，多与釉下蓝彩【图73，见图28】、青釉【图74】相配合装饰瓷器。在我看来，这类瓷器是这一时期最有魅力的品种之一。

在彩瓷中，康熙五彩是在万历五彩的基础上发展而来的。最大的改变就是康熙时期用著名的釉上紫蓝彩取代了明代使用的传统釉下蓝彩，因为釉下蓝彩会在必经工序——"二次回炉"时发色变差，而釉上紫蓝彩则不存在这样的问题，且为周边的釉面增添了光泽。因此，器物上出现紫蓝彩一直被看作该器物为康熙真品的重要标志，看到了它，每一位业余爱好者都会感到非常高兴[14]。制作粗劣的康熙五彩瓷器上的釉彩容易碎裂剥落，特别是盘类的足缘,但是后来使用了一种特殊的釉，似乎改善了这个问题。对于康熙五彩瓷器，目前只有大致的年代排序，器形、釉色、胎体越厚重及粗糙，器物一般就越接近明代【图75，图76】。

另一项康熙时期流行的技法是在万历三彩器上再施彩。所用的颜色有绿色、黄色和茄皮紫色，并以黑色勾勒边框。这类器物用隔焰窑烧造，这项技术广泛用于烧造各类瓷塑——特别是佛教诸神、道教仙人【图77】、童子【图78】、鸟类模型（如鹦鹉、鹰等）、麒麟和成对的狮子，这些塑像的面部和手部都露胎不施釉。这些人像突起的衣褶和下摆可以用来分隔多种色彩，以免它们熔合到一起。后期仿制的这类露胎器物使得鉴别年代变得相当不容易。

另一类康熙时期的新产品是涂漆嵌螺钿瓷器，法语中的“lac burgaute”。考虑到中国人无法容忍瓷器上的冲口或细小缺陷，宁愿不惜工本来掩盖这些瑕疵，很多这类漆釉瓷器很可能都是有瑕疵的，特地用表层螺钿漆层加以掩饰。

墨地彩瓷在过去一直处在一个与之审美价值完全不相称的地位之上【图79】。在这些墨地彩瓷的黑彩上覆盖了一层薄薄的透明青釉，产生了一种彩虹色的薄层。因为这类器物烧造成本极高，需要多次入窑烧制，因而经常产生废品，因此在西方它们的价值比任何其他种类的中国瓷器都要昂贵。因此，也产生了大量的仿品，不仅中国、日本有仿制，欧洲也有。其中仿得最逼真的是将康熙时期的青花瓷表面的纹饰打磨掉，重新绘以墨地彩瓷图案。那些依靠查看器物底足来判断真伪的人很容易被这类仿品所蒙骗。

另一项极重要的新创产品是粉彩瓷，它始烧于康熙晚期的臧窑，发展到雍正时期就取代了康熙五彩瓷成为彩瓷中最受喜爱的品种。粉彩瓷上使用的釉彩是欧洲人的发明，但是具体传入中国

图75　17世纪中期，五彩绘人物故事图罐，“兔”纹花押款，高22.86厘米，奥古斯特·沃拉斯顿爵士(Sir Augustus Wollaston Franks)捐赠，大英博物馆收藏。

图76　18世纪早期，素三彩花果纹花觚，无款，高38.1厘米，斯蒂芬·温克沃斯(Stephen Winkworth)、索姆·詹宁斯(Soame Jenyns)收藏。

图77 清康熙，素三彩汉钟离立像，高16.5厘米，八仙之一的汉钟离身着绿色长袍，底座大面积涂绘绿彩和黄彩，曾属斯帕克古董行(Messrs. Sparks)及格罗彻斯特公爵(General H.R.H. The Duke of Gloucester)收藏。

图79 清康熙，墨地五彩镂空竹纹六方带盖茶壶，高15.6厘米，曾为佩吉特(C. L. Paget)收藏。

图78 清康熙，五彩童子捧如意像，高22.1厘米，曾属斯帕克古董行(Messrs. Sparks)及格罗彻斯特公爵(General H.R.H. The Duke of Gloucester)收藏。

的时间尚不得而知。郭葆昌认为早在康熙二十年（1681），这些彩料就被引入中国。如果真是如此，那么在很长一段时间内，它们都没有得到使用。霍尼写道："这种不透明的玫瑰粉色料，之后被命名为粉彩瓷，是在康熙末期进入中国的，但是具体的时间无法确定。这是一种来自欧洲的色料，在欧洲使用了差不多半个世纪之后才开始应用在中国的瓷器装饰上。它的发现大约在1650年，当莱顿的安德烈·亚斯卡（Andreas Cassius of Leyden）从金的氯化物和锡中制取出玫瑰紫色物质，此后这种颜色便以他的名字命名。第一次将这种颜色应用在陶瓷上很可能是由一些纽伦堡（Nuremberg）的彩绘师们在1680年左右使用的，例如沃尔夫·罗斯勒（Wolf Rössler）。这种玫瑰粉

图80　清康熙至雍正时期，粉彩仙人图盘，无款，直径35.6厘米，曾属杰拉德·莱特林格(Gerald Reitlinger)收藏，牛津大学阿什莫林博物馆收藏。

色还有其他不透明釉彩都被中国人称为洋彩或软彩，他们还含糊地将西方釉彩（珐琅），无论是使用在掐丝珐琅器上，亦或是广彩瓷器上的彩料，都纳入了‘洋彩’的范畴。近来中国方面的学者们认为‘珐琅’这个术语特指掐丝珐琅器上所使用的釉料，而洋彩瓷在康熙二十年（1681）年即有烧造。尽管始烧时间不太可能这么早，但是似乎可以确定中国陶工在康熙末期已经应用这种彩料有一段时间了。”[15]

通过一些实例可以看到各种洋彩料已经渐渐地作为辅助装饰色彩加入到康熙五彩的装饰图案中，例如图 80 中的这件大盘即同时以康熙五彩与粉彩装饰，彼此间相辅相成。大英博物馆所藏的一只瓷碗，外器壁施宝石红釉，碗内壁绘折枝花卉水果图案，在其底部带有一青花环形款识，对应年代为 1721 年【图 81】。该器物证明了在瓷器外壁上通体施宝石红釉的技术虽然在雍正时期得到广泛使用，但是早在康熙末年就已经相当成熟了[16]。另一件精美的瓷瓶【图 82】也属于康熙和雍正交接期。

18 世纪销往欧洲的康熙器物几乎无一例外是景德镇私人窑场的产品，尽管其中大量产品似乎并没有为了迎合欧洲人审美趣味而对器形和装饰纹样进行修改。二战前，由波兰王和萨克森选帝侯——奥古斯都大力王收藏在德累斯顿的康熙器物能够得到充分的研究。这处收藏一直在约翰纽姆（Johanneum）公开陈列到 1939 年。藏品记录始于 1721 年。在这份藏品记录中，用文字和符号的数字表示每件器物的分类，这个分类是根据当时的分类标准所做的。“W”代表“White Saxon”（白色撒克逊）；“R”代表“Brown Saxon”（棕色撒克逊）；“×”表示日本瓷器；斜在一边的“H”代表“德化白瓷”；一道或几道波浪线代表“中国青花瓷”；“P”代表“Black

图81　清康熙六十年(1721)，胭脂红釉粉彩折枝花果纹碗，“又辛丑年制”青花楷书纪年款，外壁施胭脂红釉，碗内粉彩装饰，直径12.7厘米，高6.35厘米，奥古斯特·沃拉斯顿爵士(Sir Augustus Wollaston Franks)捐赠，大英博物馆收藏。

图82　清康熙至雍正时期，五彩三多纹玉壶春瓶，无款，高23.4厘米，曾为斯蒂芬·温克沃斯(Stephen Winkworth)收藏，经伦敦苏富比1938年4月27日拍卖，编号357；后属斯宾克古董行(Spink & Son)，经香港苏富比2012年10月9日玫茵堂专拍，编号31。

图83 清雍正，粉彩山水楼阁图杯，青花仿德累斯顿标记，直径7.4厘米，大英博物馆收藏。

图84 清康熙，青花花石纹小碟，直径17.3厘米，带有德累斯顿(Dresden)藏品标记，索姆·詹宁斯(Soame Jenyns)、约翰·波普(John Pope)收藏。

Indian”（黑色印度瓷器，这其实是中国瓷器）。矩形框代表“克拉克瓷器”或古印度器物，这个标识出现在各种器物上，但在柿右卫门瓷器与其他在中国和日本生产、在荷兰加彩的东洋陶瓷器上也比较多见。霍尼指出这种分类完全不可靠，而且一件带有梅森（Meissen）瓷器生产标识“W”的器物也并非梅森制作。此外，这种标记也存在不少错误。现收藏于维多利亚和艾尔伯特博物馆的一件中国瓷杯就同时标有“W”和“R”。另一件有趣的中国小瓷杯，现藏于大英博物馆，杯底部带有类似德累斯顿交叉双剑的青花标记【图83】。

奥古斯都大力王直到1733年才辞世，因此可以认为藏品记录中几乎所有器物都是他在莱比锡（Leipzig）的东印度公司市场购入的[17]。“新增加的藏品也不太可能是雍正朝以后生产的。”[18]在两次大战之间，德累斯顿藏品中的重复品进行过两次售卖，一次是在1919年，另一次是1920年，这两次出售使得该处收藏的藏品广为流传【图84，参见图57】。但是，这些东方陶瓷和除了梅森生产的器物以外的其他欧洲瓷器上的数字和符号，都是粗糙地刻入器物底部的釉层中。这些标志都是伪造的，因为有了这样的标志，这件器物在欧洲大陆市场就会很受青睐。而且即使这些符号不是伪造的，似乎也无法根据这些符号确定每一件器物具体的购入时间。对学习者来说，这处收藏（以前）一直是欧洲有详细记录的最重要的康熙瓷器收藏，尽管御窑的顶级器物并不在其列[19]，之后这个收藏中的其他器物变得知名【图85】。

很多康熙时期的青花瓷和五彩瓷上都有伪造的明代宣德、成化、嘉靖各朝的年号，有些器物甚至还带有永乐年号；还有一套青花小碟带有洪武年号款，可能也源自康熙时期，但康熙器

图85 清康熙五十五年(1716),纪年铭文钵,直径14厘米,底足造型应可与器座配套,作为某位信徒向庵堂供奉的器物,诺顿(H. R. N. Norton)收藏。

图86 18世纪早期,青花仿宣德风格卷草纹青花轴头罐,无款,高5.7厘米,哈里·奥本海姆(Henry J. Oppenheim)遗赠,大英博物馆收藏。

图87 清乾隆,青花牵牛花纹四方倭角瓶,宣德款,高19厘米,温克沃斯(W. W. Winkworth)收藏。

图88 清康熙,青花牵牛花纹四方倭角瓶,宣德款,高11.4厘米,加纳(F. H. Garner)收藏。

图89 18世纪早期,青花荷花纹抱月瓶,无款,高22厘米,仿宣德青花风格,现定年为清康熙时期,哈里·奥本海姆(Henry J. Oppenheim)遗赠,大英博物馆收藏。

图90 清乾隆,青花芭蕉竹石图玉壶春瓶,无款,高22.9厘米,仿宣德青花瓷器风格,曾为丁沃尔(Ex Dingwall)收藏。(《大维德藏品图录》中展示了同样风格的宣德原件,图版CXVIII。)

物上从来没有出现过万历年号。

这个现象非常奇怪，在康熙朝这样一个陶瓷生产的高峰，中国的陶工们竟然还会将明代器物作为经典和无法企及的原型。很难说得清他们烧造的器物中有多少件是刻意仿制前朝器物。成化年号款甚至出现在墨彩瓷器上，而成化朝根本还没有出现这项技术。陶工们好像在说：“这件瓷瓶烧得这么好，就像宣德或成化的东西一样。”这个习惯也延续到现代青花瓷器上，这些瓷器多带有康熙或乾隆年号款，实际上连最粗心的外行人都能辨认出这是仿品。其中一些带有明代款识的康熙朝器物可能是受到1677年禁令的影响，该禁令不允许在瓷器上随意使用康熙年号款，但是并不确定这条禁令是否得到严格执行，也不清楚到底执行了多长时间[20]。康熙朝刻意仿明代器物，其详细的范围和质量还有待进一步研究确定【图86，图87，图88，图89，图90，图91，图92，图93，图94】。

“康熙朝也仿制永乐时期的白色脱胎瓷和压手杯。后朝的仿品，器物底足的尺寸在比例上偏小，但是在康熙朝生产出了优秀的仿品【见图52】。可以从绘画风格、底足的釉色以及足墙等特征对一部分康熙仿品加以鉴别。但是，如果有条件的话，将康熙仿品和永乐正品一起放在太阳光下观察，一眼就能明白哪一件更精细。康熙制品的釉面更加光滑规整，胎体严格模制而成，器形以及那种粉白的釉色……康熙制品的底足为均一的白色。明代器物的足缘几乎无一例外，用小刀打磨修边，即切割形成平面，既非楔形也非圆边。而清代的陶工更喜欢圆润的足墙，这种效果是通过在底足

图91 清康熙，青花仕女图碗，成化款，仿宣德青花风格，直径10.2厘米，华特·塞奇维克夫人(Mrs. Walter Sedgwick)收藏。

图92 清康熙，青花缠枝花卉纹碗，“大明成化年制”六字二行楷书款，直径15.3厘米，高5.5厘米，现定年为明成化时期，华特·赛奇维克夫人(Mrs. Walter Sedgwick)遗赠，大英博物馆收藏

图93 清雍正，青花仿宣德风格莲束纹盘，雍正款，直径34.8厘米。曾属布鲁特古董行(Messrs. Bluett)，1967年5月16日伦敦苏富比拍卖，编号120。

图94　清乾隆，釉里红折枝瑞果纹梅瓶，“大清乾隆年制”六字三行篆书款，高30厘米，仿宣德风格瓷器，曾属哈里·加纳爵士(Sir Harry M Garner)收藏，于香港苏富比1978年5月23日拍卖，编号107；香港苏富比2015年10月7日拍卖，编号3608；香港苏富比2018年4月3日拍卖，编号3621。

尚未定型、依然柔软的时候，用手指或小刷子将足墙磨圆而成的。”[21]

康熙仿烧的宣德鲜红釉碗通常釉面和釉色非常完美。但是白兰士敦（A. D. Brankston）认为可以通过器物上年号的书写方式（他认为后来的仿品上年号的字体不及正品那么方正标准），或者通过所用蓝色釉料的发色或均匀程度判定大部分这类器物。他指出宣德碗盘类器物最突出的特征是底足有轻微的波浪形突出，而清代仿品的底足则非常平整。康熙仿宣德青花瓷器也有同样的特征【见图88，图91，图92】。到了雍正时期，陶工们已经可以更加成功地仿制宣德正品上著名的苏尼渤青料[22]了【图95，见图93】，对明代陶瓷以及古代青铜器风格的仿烧贯穿了这个时期【图96，图97；见图87，图89，图90】；也出现了使用釉里红技法模仿宣德风格的瓷器【见图94】，而以铁红作为底色的现象也在持续，这是明代的传统【图98】。之后新的“洋彩”技法在19世纪出现并完善【图99，图100】。

如何鉴别康熙朝烧造的成化仿品（成化一朝持续约20年）毫无疑问是中国陶瓷研究中最困难的问题之一。“关于哪些器物是成化正品，哪些不是，存在各种各样的看法，也指出了一些最有可能是真品的器物——许多仿品很容易鉴别，但是还有一些仿品质量非常高，以致于如果它们没有带康熙年款，很容易被当作成化产品。”[23]而那些带有成化年款的康熙仿品，由于釉面上的各种彩绘覆盖了釉下蓝彩所勾勒的边框，因此想要从画面进行区分，是非常困难的。成化时期最流行的是斗彩，这个名称以前一度被误打误撞地理解为“豆彩”。“一些康熙仿成化

图95　清雍正，青花仿宣德风格菊瓣花浇，“大清雍正年制”六字三行篆书款，高31厘米，口径8厘米，台北故宫博物院收藏。

斗彩瓷几乎与成化真品无异。”〔24〕【图101，图102，图103】

《陶说》介绍了不少于八种不同类型的成化瓷杯。包括绘有人物和莲花的酒杯，青花酒杯，装饰有花卉和昆虫的小酒杯（未提及颜色），以仿古祭器纹样装饰的浅杯，以高烧银烛照红妆图装饰的酒杯（画面中是一位妙龄少女手持灯看着一朵海棠花），还有织锦纹样瓷杯，或装饰以秋千图案、划行中的龙舟；文人雅士、婴戏、葡萄架、香木；鱼藻、葫芦瓜果、莲花及佛教符号；优钵罗花和西番莲等各种图案。

大量这类图案有待辨认。图104和图105列举了2件这个类型的瓷杯，它们来自奥本海姆（Oppenheim）收藏，器物以斗彩绘瓜纹装饰，带有成化年号款。另外还有一只同样以斗彩技法描绘如意图案的瓷杯【图106】，带康熙年号款。其中图104的瓜纹杯上仅在瓜上涂以红彩，而图105的瓷杯上描绘了更大串的葡萄和瓜果，并都用红彩涂绘。不管是从釉色、年号的书写还是底足的修足等方面来判断，图105这件器物似乎和图106康熙器物几乎没有任何区别。而真正的困难在于图105的瓜纹杯，其器身装饰了一层略微闪亮的绿釉，这件器物上的年号款大而清晰，而图104的瓜纹杯上的年号款则又小又暗。图105中的这件瓜纹杯上的年号款用浅蓝色料书写，布兰克斯顿曾经举过一例类似的器物，认为这种底款书写方式与其他成化真品迥异。他拒绝给出确定的年代，只是含糊地说：“如果这件瓷杯是成化真品，那么中国政府借展到1935年伦敦大展的那件红釉龙纹杯也一定是成化朝生产的，因为两件器物上的年号款完全相同。”这两件

图96 清乾隆，斗彩海水瑞兽纹“天”字罐，高11.9厘米，温克沃斯(W. W. Winkworth)收藏。

图98 18世纪早期，青花矾红海水瑞兽图高足杯，宣德款，直径15.2厘米，温克沃斯(W. W. Winkworth)收藏。

图97 清康熙，青花龙凤纹双环耳瓶，正德款，高11.2厘米，现定年为18世纪，哈里·奥本海姆(Henry J. Oppenheim)遗赠，大英博物馆收藏。

图99 清雍正，胭脂紫地粉彩花卉纹碗，雍正款，直径13.5厘米，杰拉德·莱特林格(Gerald Reitlinger)收藏。

图100 清道光，胭脂紫地粉彩花卉纹碗，道光款，直径13.5厘米，西德尼·莫斯(Sidney Moss)收藏。

图101　清康熙至雍正，斗彩岁寒三友图小罐，“大清康熙年制”六字二行楷书款，高12.7厘米，现定年为清康熙时期，曾为利德尔(C. Oswald Liddell)、查尔斯·E·罗素(Charles E. Russell)收藏，1946年6月25日在伦敦上拍，编号82，后于1988年11月15日，香港苏富比白纳德夫妇收藏重要清代官窑瓷器专场上拍，编号17，成交价：15.4万港币。

大清雍正年製

图103　清雍正，斗彩山石花草纹天鸡钮折腰盖碗，“大清雍正年制”六字三行楷书款，口径17.3厘米，带盖高15.2厘米，古兰德(W. G. Gulland)赠礼，维多利亚及艾尔伯特博物馆收藏。

图102　17或18世纪，斗彩缠枝莲纹蒜头瓶，“大明嘉靖年制”六字二行楷书款，高20.5厘米，直径8.5厘米，现定年为清康熙时期，哈里·奥本海姆(Henry J. Oppenheim)遗赠，大英博物馆收藏。

图104　清康熙，斗彩葡萄纹杯，“大明成化年制”六字二行楷书款，直径7.6厘米，高4.7厘米，哈里·奥本海姆(Henry J. Oppenheim)遗赠，大英博物馆收藏。

图105　清康熙，斗彩葡萄纹杯，“大明成化年制”六字二行楷书款，直径7.7厘米，高4.8厘米，哈里·奥本海姆(Henry J. Oppenheim)遗赠，大英博物馆收藏。

图106　清雍正，斗彩如意纹杯，“大清雍正年制”六字二行楷书款，直径7.3厘米，高4.3厘米，埃尔芬斯通(Hon Mountstuart William Elphinstone)捐赠，大英博物馆收藏。

图107　青花花鸟纹杯，成化款，高4.5厘米，现定年为16世纪，哈里·奥本海姆(Henry J. Oppenheim)遗赠，大英博物馆收藏。

图108　清康熙，青花花鸟纹杯，“大明成化年制”六字二行楷书款，高5.1厘米。诺顿(H. R. N. Norton)收藏。

图109　16世纪或更晚，青花立鸟纹斗笠杯，“大明成化年制”六字寄托款，口径6.5厘米，高3.2厘米，现定年为明天启年间，哈里·奥本海姆(Henry J. Oppenheim)遗赠，大英博物馆收藏。

斗彩瓜纹瓷杯的例子中，年号的书写可以作为判断年代的标准吗？这两件器物都是康熙产品吗？图 105 中的器物可能是 16 世纪的，但是也有可能就是底款所指的年代。

另两件青花瓷杯也存在同样的鉴别难题，两只瓷杯上都描绘了群鸟栖息在树枝上的图景【图 107，图 108】。后者明确是康熙时期的产品，但是前者，尽管底足存在缩釉，且底款书写不同，它会是一件成化真品吗？还是康熙仿品？鸟禽的描绘手法以及蓝彩的色泽与吴赉熙藏品中那件高足杯上的截然不同，而我认为后者更可能为成化真品[25]。前者如果不是康熙仿品，可能是 16 世纪的产品，当然也存在是成化真品的可能性。而图 109 中所示小杯，虽带有成化的年款，但并不是成化时期的真品。

根据成化年号，或者其他器物的年号款识的书写特点来确定年代到底有多可靠呢？书写“明”字的两个特点可以作为鉴别明代真品与 18 世纪仿品的判断标准[26]。一件器物上的年号款中，“明”字左边的日字旁趋于正方形，另一件器物，“明”字右边的“月”字旁多了弯钩，这些特征在真品上没有发现，或没有表现得如此明显。毫无疑问，这些特征都值得关注。对于收藏家来说，需要考虑的问题是，是否并没有那么多的器物与此规则不符，而不足以否定它呢[27]？

宣德年号款的书写手法通常是比较好识别的，但是我们确信，晚明至少有一个非职业陶工——昊十九，他仿烧宣德器物，是公认的书法好手[28]。根据白兰士敦的研究，“这个时期的御窑厂的产量不可能很大，因此一天生产的器物上款识由一个人来书写就够了。因此这一时期器物底款可以明确分辨出三到四位书写者的笔迹”。尚不能确定这一结论是出自他本人的观察，还是来自中国文献资料。

说到成化器物，白兰士敦认为：“御用器的底款，几乎没有例外，都是出自同一个人的手笔。这个结论听起来似乎难以置信，其实不然，因为御窑厂在成化初期的产量并不会太大。”如果他的这个看法正确，那么确定“克卿那”碗（Kitchener Bowl）的年代就完全没有问题了，那几乎肯定就是一件御用器了！但是白兰士敦回避了这个问题！

另一件定年存疑的器物是一件成化款带盖小盒【见图 13】，此件器物我在前文已经将之与蒙克豪斯瓷盒（Cosmo Monkhouse Box）归为一个类型。

成化鸡缸杯的仿制情况最为复杂。既有晚明、康熙、雍正、乾隆各个时期的仿品，也有质量稍次的现代仿品【图 110，图 111】。在面对成化仿制品时千万记得，在雍正时期年希尧因高质量地仿制了宣德和成化瓷而闻名。如何区分同类型雍正和康熙仿品依然是一个悬而未决的问题。除此之外，可以确定的是，明代中后期已经开始仿制成化器物，这一事实也许可以帮助我们确定一些有疑问的器物的年代。

另一个问题是关于成化青花宫碗的定年，这种碗以芙蓉或百合花束装饰。白兰士敦提到这

图110　清雍正，粉彩鸡缸杯，成化款，高3.8厘米，哈里森(N. C. Harrison)收藏。

图111　清道光时期或更晚，粉彩鸡缸杯，铺名款，高2.54厘米，西德尼·莫斯(Sidney Moss)收藏。

个类型器物时说："可以看到康熙时期的陶工和工匠已经掌握了高仿成化器物的技术，几乎看不到任何差别。"每一只这样的碗都必须根据自身的特征仔细判断【见图92】。

成化真品可能比我们认为的要少得多，相反很大一部分可能都是康熙器物，数量甚至超出了我们能够接受的数量。也不排除部分仿品是在明代后期由一些才华横溢的非职业工匠制作的，如崔国懋（崔公）〔29〕、周丹泉〔30〕、昊十九（壶隐道人）。其中两位民间大师生活在隆庆和弘治时期。中国研究者对于这些仿品的质量众说纷纭，而欧洲人依然还处于鉴别判断的初级阶段。现在的问题是如何评判中国人对这些器物的描述。

〔1〕郭葆昌记录的年代是1682年。《陶录》则记载为1683年，并补充提到臧应选带着一位款识书写者车尔德，他的书法笔迹可能可以被识别。译者注《陶录》卷二："二十二年二月，差工部虞衡司郎中臧应选、笔帖式车尔德来厂代督，器日完善。"

〔2〕朱利安（Julien）所翻译的《陶录》，页107。译者注，原文出自《陶录》卷五："（康熙年臧窑）厂器也。为督理官臧应选所造。土埴腻，质莹薄，诸色兼备，有蛇皮绿、鳝鱼黄、吉翠、黄斑点四种尤佳。其浇黄、浇紫、浇绿、吹红、吹青者亦美。迨后有唐窑犹仿其色，唐公《风火神传》载，'臧公督陶，每见神指画呵护于窑火中'，则其器宜精矣！"

〔3〕郭葆昌：《瓷器概说》，页28。

〔4〕《陶说》卷一："（唐英）上釉旧法，将琢器之方长棱角者，用羊笔蘸釉上器，失之不匀。至大小圆器，浑圆琢器，俱在缸内蘸釉。有轻重，且多破，故全釉难得，今于圆器之小者，仍于缸内蘸釉，其琢器与圆器大者，用吹釉法。截径寸竹筒，长七寸，口蒙细纱，蘸釉以吹。吹之遍数，视坯大小与釉之等类，为多寡之差。多至十七八遍，少亦三四。"

〔5〕 大多数很快就脱落了。

〔6〕 18世纪的欧洲，除了法国，其他地方对中国的单色釉瓷器毫无兴趣。因此文中使用的都是法语中对于这些釉色的描述。译者注：此处提到的两个人为金匠大师皮埃尔·古蒂埃(Pierre Gouthiere，1732—1813)和青铜雕塑家菲利普·卡菲瑞(Phillippe Caffieri)。

〔7〕"赭青"可以指代一系列跨度很大的釉色，从巧克力色到栗子色，从咖啡色到枯树叶的棕黄色，从暗淡的黄金的颜色到草垛的颜色。

〔8〕卜士礼对于这段叙述的另一版翻译可参见《东方陶瓷艺术》（*Oriental Ceramic Art*），页350。

〔9〕《陶录》第四卷中有这样一段记载："脱胎器薄，起于永窑，永窑尚厚，今俗呼'半脱胎'。另有如竹纸薄者一式，俗以'真脱胎'别之。此种真脱胎，起自成窑，暨隆、万时之民窑。但隆、万尚蛋皮式，止一色纯白者，不似今多画青花，其净白尤浇美过之也。"

〔10〕 根据1732年雍正朝的一份产品名录，我们可以知道"有粉定、土定、厂止仿其粉定一种"（《陶录》卷三）。

〔11〕帕泽斯基（Perzynski），《伯灵顿杂志》，如前所引。

〔12〕《东方陶瓷艺术》，第438页。《陶说》卷一"陶冶图说"中唐英写道："瓷器青花、霁青大釉，悉借青料，出浙江绍兴、金华二府所属诸山。采者入山得料，于溪流漂去浮土。其色黑黄、大而圆者为上青，名顶圆子。携至镇，埋窑地三日，取出，重淘洗之，始出售。其江西、广东诸山产者。色薄不耐火，止可画粗器。

"青料拣选，有料户专司其事。黑绿润泽，光色全者为上选。仿古霁青、青花，细器用之。虽黑绿而欠润泽，只供粗瓷。至光色全无者，一切选弃……

"至画瓷所需之料，宜极细，粗则起刺不鲜。每料十两为一钵，专工乳研，经月始堪应用。乳法：用研钵，贮矮凳。凳装直木，上横一板，镂空以受乳钵之柄。人坐凳，握槌乳之。每月工直三钱，亦有乳两钵，夜至二更者，倍之。老幼残疾，借此资生焉。"

〔13〕李明（Louis Le Compte），《中国近事报道》，1686年，本杰明·图科（Benjamin Tooke）译本，1698年出版。出版于1737年和1738年。译者注：李明（1665—1728），法国传教士，将其在中国的见闻汇集出版，在欧洲产生很大的影响。

〔14〕有观点认为这种釉彩上再施一层透明釉的工艺不会早于清代，这个观点尽管是一个极好的总结，但是并不正确。霍布森已经关注到并且记录了一件万历器物已经进行了这样的实验。见R. L. Hobson, *Pottery and Porcelain*, vol. Ⅱ, p. 85.

〔15〕William Bowyer Honey, *The Ceramic Art of China and other countries of the Far East*, p. 157.

〔16〕但是对于圆形年号款也要多加谨慎小心，尽管我们可以认为圆形年号款可以与显示时代相对可靠的证据，或至少可以推断这是一件对早期器物的仿制品。在索丁（Salting）藏品中有一件釉上蓝彩瓷，底足刻有成化元年青花圆形款识，但是整件器物的风格表明它并非成化仿品，因为这种器形和装饰图案有明一代从未出现过。也很难断定这个款识是出于欺诈的目的蓄意添加的，因为任何有经验的收藏者都不太会上当。见Honey, Kang Hsi vase with a Ming cyclical date, *Artibus Asiae*, MCMXXVIII/XXIX, No. 2/3.

〔17〕传说奥古斯都大力王为了得到这些体量巨大的高达一码以上的花瓶，用一个精编萨克森龙骑兵兵团跟荷兰女王做交换，因此这些器物的德文名称"龙骑兵瓶（Grenadiervasen）"就是这么来的。

〔18〕R. L. Hobson, *Handbook, B. M.*, p. 77.

〔19〕其命运尚不确定，但是约翰纽姆在战争中变成一片废墟，这些藏品也消失了。

〔20〕我们没有找到它已经被正式废除的证据。

〔21〕白兰士敦：《明初官窑考》，页9。这是一个非常有洞察力的描述。

〔22〕"苏尼勃"（有时候又称为"苏麻黎"或"苏麻尼"）一般认为是指苏门答腊岛。到了成化时期，该青料据说已经枯竭了。之后用同样著名的"回青"取而代之，这种青料可能产自云南，这种青料在明代末期也枯竭了。

〔23〕白兰士敦：《明初官窑考》，页36。

〔24〕白兰士敦在描述大维德爵士藏品，那件著名的克卿那碗（Kitchener bowl）的时候也机敏地回避了其时代问题，他这么写道："这件瓷碗上的一些特征有别于其他已知的成化斗彩瓷器……有些康熙器物的品质与此类似，但是这件瓷碗又与大多数康熙仿成化产品有别。"

〔25〕这件带有成化年款的器物现收藏于大英博物馆。

〔26〕 Edgar Bluett, The Nien Hao and period identification, *TOCS*, 1935-1936; Second thoughts on dating Mnig porcelains, *TOCS*, 1942.

〔27〕例如《明初官窑考》一书图例20（b）中瓷器的年号，白兰士敦明显认为是宣德时期的，但对我来说这似乎不太符合这些规律。

〔28〕《陶录》卷八："明有昊十九者，浮梁人，能吟，工书画，隐于陶轮间。所制精瓷雅壶，俱妙绝人巧，自号壶隐老人。"卷五："其色料精美，诸器皆佳，有流霞盏、卵幕杯两种最著。"

〔29〕《陶录》卷五："嘉、隆间人，善治陶，多仿宣、成窑遗法制器，当时以为胜，号其器曰'崔公窑瓷'，四方争售。诸器中惟盏式较宣、成两窑差大，精好则一。余青、彩花色悉同，为民窑之冠。"

〔30〕《陶录》卷八："吴门周丹泉，巧思过人，交于唐太常。每诣江西之景德镇，仿古式制器，以眩耳食者。纹款色泽，咄咄逼真，非精于鉴别，鲜不为鱼目所混。"

第四章　年希尧的督陶官岁月

在殷弘绪寄出第二封信之后的第四年，年希尧才被雍正皇帝任命为御窑厂的督陶官，雍正自己做皇子的时候就对御窑厂的瓷器生产颇感兴趣。殷弘绪就曾提到过他订制的瓷质乐器，卜士礼认为康熙最后几年生产的杰作大部分是得益于四子胤祯对陶瓷生产的爱好。雍正在位仅 13 年，他的父亲，上一任皇帝康熙在位 60 年，而他的继任者乾隆也在位了 60 年之久。雍正朝夹在康乾两朝之间，就在这 13 年中，皇帝不间断地从宫廷藏品中选择标本瓷器，送到景德镇的御窑厂进行复制。

年希尧从雍正四年（1726）开始担任御窑厂督陶官，直至乾隆元年（1736）。他担任督陶官的时间几乎持续了雍正一朝，因此这个时期所有最精致的瓷器都与他有关。对于年希尧此前的为官经历记载不多，我们除了知道和他的前任督陶官一样，他也是内务府的一员，臧应选、年希尧、唐英这三位著名的督陶官都是从内务府选派的。在担任督陶官两年后，年希尧升任淮安关监督，此后一直住在那里。他有权从淮安关的税收中每年调拨 5000 两银子用于维持御窑厂的运转，之后这笔款项提高到每年 20000 两。直到 1736 年，他一直兼任这两个职务，此后他升任另外的职位，这两个职务由唐英接任，后者早在 1728 年就已经被派到景德镇来协助其工作。根据《景德镇陶录》的记载，在担任督陶官的时候，年希尧会亲自挑选御窑厂所用的制瓷原料，并监督制瓷全过程。但是在他升任淮安关监督后，由于距离的限制，他只能定期前来巡视，而唐英（虽然名义上只是他的副手）当时驻扎在景德镇，肯定实际上管理着御窑厂的生产，这一时期“年窑”创烧的很多新品很可能是唐英的功劳。根据《陶录》记载“琢器多卵色，圆类莹素如银，皆兼青、彩，或描锥、暗花、玲珑诸巧样，仿古创新，实基於此”，郭葆昌曾这样评价：“年希尧有大量优质的制瓷原料和能工巧匠供其调配差遣，完成他的职责。”在年希尧调任淮安关后，他下令专供皇帝使用的御器每月要从景德镇用船运送到淮安府两次，由他亲自检查确认后再从淮安府运送到北京。

对当地制瓷神明的祭祀似乎是景德镇社会生活中的一项重要活动。在御窑厂内就有三座寺庙供窑工祭拜。一座是窑神庙，一座是关帝庙，还有一座名叫真武殿，对此我们没有太多相关资料。御窑厂外面还有师主庙。1727 年，年希尧重修了窑神庙，并立碑纪念[1]。

史料记载年希尧还曾写过一本书，名叫《视学》[2]，该书于 1735 年出版，年希尧自称是郎世宁的学生，从郎世宁那里学习了西方的视觉知识理论。

雍正时期以单色釉器物闻名，其中既有对宋代各著名窑口器物的精妙模仿，也有对月白釉和红釉的娴熟运用。被认为是年希尧任职期间创烧的新产品包括珐琅蓝釉料，近似宝石蓝色；

图112　清乾隆，炉钧釉象耳瓶，乾隆款，高12.4厘米，直径7.8厘米，奥古斯特·沃拉斯顿爵士(Sir Augustus Wollaston Franks)捐赠，大英博物馆收藏。

茶叶末釉【图112】，这种釉色是通过将绿釉吹到以铁元素呈色的棕黄色地釉面上制成的。茶叶末釉在乾隆时期颇受推崇，因此还制定了禁奢法令，保证只有皇帝才有权使用这个茶叶末釉瓷器[3]。年希尧治下御窑厂其他著名的产品还有对前朝暗花和玲珑瓷的仿制品。对窑变釉控制技术的进步以及金彩水墨彩绘瓷的发明也始于这个时期【图113】。殷弘绪在他写于1722年的最后一封信中详细描述了人们用最好的墨描绘瓷器，烧造墨彩瓷的努力，但是最终还是失败了，因为在高温下墨水会挥发，出窑时这些瓷器表面什么图案也看不到。还有一种新产品是类似于知更鸟蛋壳的青绿色釉，中国人称为钧釉。这是一种青绿色上带有红色斑点和条纹的釉色，以红色点缀着蓝色的主色调。据说这种釉色和广东石湾窑、宜兴窑的钧

图113　清雍正，粉彩山石墨彩竹纹象耳尊，无款，高31.7厘米，温克沃斯(W. W. Winkworth)收藏。

图114　清雍正，茶叶末釉鸠耳瓶，雍正款，高19.7厘米，坎里夫勋爵(Lord Cunliffe)收藏。

窑仿品非常类似【图 114】。

这一时期的瓷器器型特别优雅，釉色格外精致细腻，以至于有些人可能会感到腻味【图 115，图 116】。器物的釉色较之康熙器物更加洁白，圈足不再用模制，足缘更加锋利。明亮的松石蓝色，让人联想到嘉靖时期，配以苹果绿【图 117】、淡黄色【图 118】、淡紫色以及各种各样的红色和粉色，形成了一个令人愉快的配色组合，这样的色彩组合在更加精致的器物上一眼便可以认出，这种精致讲究也弥补了一些缺乏生机活力的不足【图 119，图 120，图 121，图 122】。在早期的瓷器产品上，釉上蓝彩即使不是主色调，也还是存在的【见图 66，图 67】，但是随着朝代的演进，画面

图115　清雍正，粉彩灵芝“寒山子一团和气图”撇口瓶，“大清雍正年制”六字三行楷书款，高24.6厘米，背面为圆形灵芝竹纹，曾属查尔斯·E·罗素(Charles E. Russell)收藏，并于1946年6月25日伦敦拍卖，编号78；后属布鲁斯(R. C. Bruce)收藏，并于1953年5月12日伦敦苏富比拍卖，编号142；之后由香港佳士得在1993年3月23日拍卖，编号756；香港苏富比2007年10月9日拍卖，编号1503，成交价：1656.75万港币；香港佳士得2014年5月28日拍卖，编号3320，成交价：3484万港币。

变得更精细，更加注重细节。红色也逐渐加深，变得不透明，慢慢成为了画面的主色调，那些粗劣浑浊的粉红色乾隆外销瓷盘，在我们的住宅中非常常见，而这个时期最精致的青花瓷器的价值却一直被低估【图 123，图 124，图 125】。

西方的影响在这个时期更加明显，甚至在御用瓷器上也有所体现。文献中提到“新仿西洋珐琅画法，人物、山水、花卉、翎毛无不精细入神”。这种西方影响的渗透很大程度上有赖于耶稣会士。在 1680 年，南怀仁教父（Father Verbiest）可能帮助康熙皇帝在北京建立了宫廷造办处，以生产小型艺术品。而早在 1712 年，景德镇的官员就想从殷弘绪那里获得欧洲的新式物件，可能想仿制进贡到宫中。其他两位耶稣会的画家——格拉迪尼（Gherardini）和贝尔维尔（Belleville），于 1699 年抵达中国，之后王致诚（Attiret）和郎世宁（于 1715 年来到中国）在宫中任职，让中国人开始熟悉西方绘画中明暗和视觉的变化。

现存有一份最重要的文献资料，是当时生产的器物清单，即现在广为人知的雍正瓷器清单——题为《御用各色圆琢器及瓶类清单》，首先收录在 1732 年出版的《江西通志》（介绍江西全省的总体情况）上[4]。这份器物清单是年希尧的继任者，1736 年开始担任督陶官的唐英，按照当时的江西总督谢旻（1729—1732 年在任）的要求罗列出来的。很长一段时间内，人们都以

图116　清雍正，绿松石地胭脂红灵芝纹瓶，“大清雍正年制”六字二行楷书款，高27.3厘米，曾属弗雷德里克·布鲁斯(Sir Frederick Bruce, G.C.B)、布鲁斯(R. C. Bruce)收藏，并于1953年5月12日伦敦苏富比拍卖，编号143；香港苏富比1982年11月8-9日拍卖，编号220；及纽约苏富比2012年9月11日拍卖，编号17，成交价：37.45万美金。

图117　清雍正，苹果绿釉回字纹折腰碗，“大清雍正年制”六字二行楷书款，直径26.2厘米，哈维·哈登(Harvey Hadden)捐赠，大英博物馆收藏。

图118　清雍正，浅黄釉模印莲子纹莲花式盘，“大清雍正年制”六字二行楷书款，直径29.5厘米，曾为康斯坦丁(Constantinidi) 收藏，于1947年7月8日苏富比拍卖，编号2，用阿斯顿博士(Dr. F. W. Aston)基金购买，剑桥大学菲茨威廉博物馆收藏。

图119　清雍正，粉彩花草纹玉壶春瓶，雍正款，高27.4厘米，曾属布鲁斯(R. C. Bruce)收藏，英国布里斯托美术馆收藏。

图120　清雍正，粉彩花草纹碗，雍正款，高12.7厘米，曾属布鲁斯(R. C. Bruce)收藏，英国布里斯托美术馆收藏。

图121　清雍正，粉彩花卉纹碗，"大清雍正年制"六字三行楷书款，直径9.4厘米，现定年为19世纪早期，奥古斯特·沃拉斯顿爵士(Sir Augustus Wollaston Franks)捐赠，大英博物馆收藏。

图122　清雍正，粉彩牡丹玉兰花卉纹天球瓶，雍正款，高52厘米，瓶颈部分已被削去，帕尔默(R. H. R. Palmer)收藏。

图123　清雍正，青花八仙寿星图碗，"大清雍正年制"六字二行楷书款，直径28厘米，哈里·加纳爵士及夫人(Sir Harry M Garner)捐赠，剑桥大学费兹威廉博物馆收藏。

图124　清雍正，青花洞石牡丹纹盘，“大清雍正年制”六字二行楷书款，直径20.3厘米，索姆·詹宁斯(Soame Jenyns)收藏。

图125　清雍正，青花碗，雍正款，直径11.9厘米，温克沃斯(W. W. Winkworth)收藏。

为这是谢旻所做的清单，因为1880年再版的重修江西通志省去了作者的名字。但是正如大维德爵士指出的，这张清单就是唐英1729年撰写的《陶成纪事碑记》上的一部分。

这份清单并没有想要罗列出所有御用器，但是正如编者所言：“关于御用瓷器的生产，其品种包括陈列用的瓶罐，盛放供酒和肉类供品的器物，日常生活所需的瓷盘、碗、杯及大浅盘等等，这些进贡到宫廷的器物每年做一次记录，它们的品种繁多，想要一次性全部列举出来显然不太可能。我们将从谢旻的描述中精选出一份含57种器物类型的清单，使读者对这一时期的瓷器有个总体认识。”因此这份清单并不是从内宫选出的供御窑厂仿制的器物清单，而是为宫廷烧造的御用器的代表，尽管还是会有所遗漏。这可能是一份一整年或半年生产的御用器的记录单复本（这样的记录单必然存在）或者是几份记录单的摘录，这被作为一份样本收录在《江西通志》中。

或许可以期待，从御窑厂初建的1369年或1398年一直到清朝灭亡这么长的时间里，每年御用瓷器的订单都被保存下来。据卜士礼的研究，《浮梁县志》中保留了从嘉靖八年（1529）开始每年的产品订单[5]。从这份清单中，他引用了1546和1554两年的记录。但是从他的叙述中，不能确定嘉靖八年之后的订单是否也有留存，也不清楚嘉靖之后的历朝订单是什么情况。

江西通志中也列出了一份同治三年（1864）宫廷定制的瓷器清单。这份清单包括五十件器物，而且在《通志》的记载中是紧接着那份雍正清单的。为什么仅有这些零星清单保存下来，这个问题还很难解答。除非景德镇年鉴或清宫档案中保留了嘉庆之后各朝的订单目录，不然想要建立一个清代御用器的编年表还有很多工作要做。

雍正时期是仿制宋代单色釉和宣德青花最成功的时期。成化器物也被广泛仿制，但是雍正时期的成化仿品不及康熙仿品那样精致〔6〕。

“雍、乾两朝官窑，经唐英督造，效法历代名瓷，如宋之白定、东、钧、汝、官、龙泉、哥弟、湘湖，明之永、宣、成、弘无所不仿，亦无所不工。”〔7〕实际上在雍正清单上，仅有七件器物表明是按照宫中送来的器物仿制的，其他都标明“仿古”，还有一部分标明根据古代废弃的窑炉中的瓷片标本仿制，或只标明是仿品。

唐英烧造的汝、官、哥仿品与真品非常相似。想要区分它们难度很大，而且真品与仿品都同样具有令人倾倒的美。其中有些器物与汝窑的质地极为相似，比如《大维德藏品图录》图版V中的一件汝窑花瓶，被公认是宋代真品，甚至中国故宫博物院官方也是这样认定的，直到后来人们才发现雍正年号款被狡猾地隐藏在釉下，并且被刻“永保”二字款所遮盖。这件器物如果不是因为有雍正年款，即使在今天也会被大家当作宋代汝窑真品加以收藏。

大部分宋代单色釉器物的私人收藏都混有一件或更多件类似的18世纪仿品，但是直接评价尚未公开出版的器物是一种引人厌恶的做法。温克沃斯（W. W. Winkworth）在评论《大维德藏品图录》一书时勇敢地指出了藏品中不少件他认为是18世纪仿品的器物〔8〕。我有一段时间没有亲手检视这些器物了，但是我倾向于赞同他的观点。这些18世纪仿品除了刚才提到的汝窑瓶，还有一些其他器物存疑〔9〕，它们包括图版VI的官窑类型瓶（霍布森也对此存疑）；图版VIII的官窑瓶；图版X和XI的官窑小瓶和花瓶；图版XII的官窑瓶；图版XIX的哥窑或官窑碗。最后这件碗，在图录中被霍布森认为是明代景德镇的仿制品〔10〕。在这本图录中，只要有这个类型的单色釉器物，且其底足的款识被人为抹除的，那么根据我的经验，这件器物基本都是18世纪的仿制品，去除年款可以使其冒充宋代器物。

雍正御瓷上的年号常常会被磨掉或涂掉，这一现象在那些雍正仿宋代单色釉瓷器上尤其突出。毫无疑问，很多宫廷御用瓷器被太监和宫女盗运出宫，并在出售时对器物加以丑化以避免审查，而选择仿宋瓷器更可能是因为这些器物将被当作宋代器物来出售。曾经一段时间，人们认为18世纪的仿品是在白色瓷胎上刷一层深色化妆土来模仿宋代器物的黑色铁胎，但是大英博物馆收藏的加纳爵士（H. M. Garner）捐赠品，一件乾隆年号款的官窑类型瓷瓶【图126】，证明了清代仿烧时也会采用特殊的深色胎体，而另一方面故宫博物院陶瓷专家也确定宋代官窑器物有时也会采用特殊的方式烧造，即通过把淘洗过的浅色陶土掺入深色含铁的陶土中，上述论

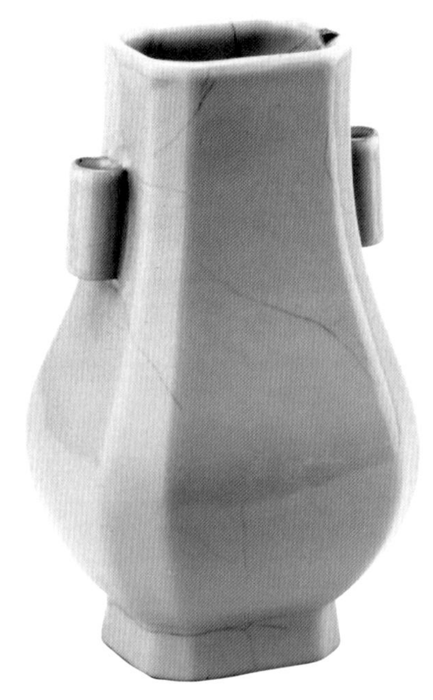

图126　清乾隆，仿宋官釉贯耳瓶，乾隆款，高24.4厘米，黑胎，哈里·加纳爵士(Sir Harry M Garner)捐赠，大英博物馆收藏。

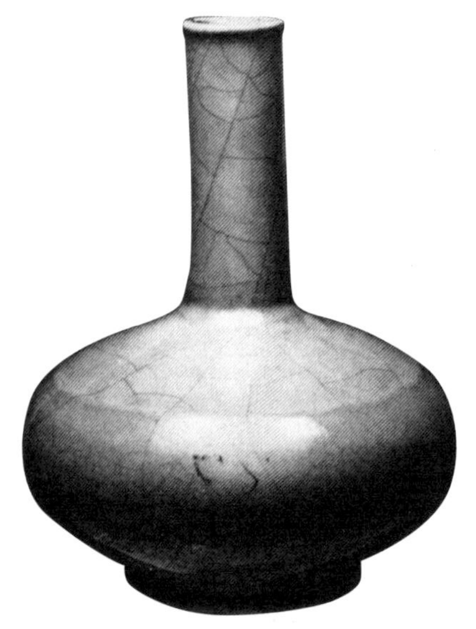

图127　清雍正，仿宋代哥窑天球瓶（或仿官窑），雍正款，高25.1厘米。大英博物馆收藏。

断使得真品与仿品更加扑朔迷离，鉴别也更加困难。

雍正清单列举了不少于13类仿宋釉瓷器[11]。

1. “仿铁骨大观釉”。卜士礼认为这是仿官窑产品，因其生产于大观时期，故称为大观窑。但是根据大维德基金会所藏汝窑礼器盘壁的铭文“大观元年”（PDF, A. 41），大观窑的身份尚不明确。据汉诺夫（Hannover）的研究，18世纪不仅仅是景德镇的小窑场生产仿官窑器物【图127，图128，图129】，龙泉也有仿制。更加现代的仿品可能来自日本。在雍正清单中，这些仿官窑器物按釉色不同分为三类：“有月白、粉青、大绿等三种，俱仿内发宋器色泽。”

2. “仿铁骨哥釉，有米色、粉青二种”。这些也是根据宫中机构送来的样品仿制的，这些器物最初是宋代龙泉琉田的章生一烧造的。万历时期活跃的“壶隐道人”就因为很擅长仿制哥窑和官窑器物而名噪一时。

3. “仿铜骨无纹汝釉，仿宋器猫食盘、人面洗色泽”。前面这件猫食盆被故宫博物院方面认定为一件冬青釉水仙盆[12]，第二件器物尚未得到确认。现代的汝州瓷依然号称“雨后天青之色”，在北京出售。在早年的日文出版物中，这个术语被用来描述所有的影青釉器物，原田淑人（Harada）1931年在临汝县（历史上的汝州）进行的调查可能能够确定这类器物是北方青瓷。但是尽管北方青瓷片在汝窑窑址上很常见，这并不能证明它们就是汝窑产品。

4．“仿铜骨鱼子纹汝釉”。这种釉色带有类似鱼子的开片（鱼子纹）。浙江青瓷在胎体、器型和开片等特征上差别很大。

5．“仿白定釉。止仿粉定一种，其土定未仿”。《陶录》的记载也印证了这个说法。小山富士夫认为定窑的核心产地是在河北中部的涧磁村，他在那里调查发现了刻划和模印图案的瓷片。而到了南宋时期，随着一些定窑窑工迁移，很可能之后定窑更具代表性的样式在吉州生产。[13]

图128　18世纪，仿宋代官窑钵，无款，直径8.4厘米，哈里·奥本海姆(Henry J. Oppenheim)遗赠，大英博物馆收藏。

宋代的白釉定窑器物几乎历朝历代皆有仿制。早在年希尧和唐英仿烧之前，元代的金匠彭均宝和万历朝的周丹泉就已经仿烧了。《博物要览》记载：“近如新烧文王鼎炉，兽面戟耳彝炉，不减定人制法，可用乱真。若周丹泉，初烧为佳，亦须磨去满面火色，可玩。”霍尼似乎对这类仿品评价不高，他写道：“明代仿定窑器大多是那些光滑、无活力的青铜器造型的仿品，装饰着不出彩的刻划花纹或者模印的浅浮雕。”但他也承认18世纪雍正及其子乾隆，这两任皇帝对于仿古样式极度的热爱，加上唐英高超的工艺技巧，烧造出了许多高品质的仿定窑器物，这些仿品与宋代正品很难区分。《大维德藏品图录》中的三件水丞（图版 XCVI）就属于这一类，其中的两件已经分别被标明为18世纪和17世纪；还有一件器物是一件袋形瓷瓶（图版 XCVII），温克沃斯也将它归为仿宋一类，同时他认为另外两件较为粗劣的器物（图版 CIII 和 CIV）是现代仿品[14]。现代仿制的定窑器，一般是南定类型，体型大而重，

图129　清雍正，仿宋官釉渣斗，“大清雍正年制”六字三行篆书款，高13.5厘米，口径22.5厘米，足径10.8厘米，1956年赫伯特·英格拉姆爵士(Sir Herbert Ingram)捐赠，牛津大学阿什莫林博物馆收藏。

图130　18世纪，仿宋钧窑弦纹瓶，无款，高21.3厘米，大英博物馆收藏。

釉面偏黄，带有开片，有类似鸵鸟蛋的色泽和棕色斑点，几乎很少有图案装饰，这类产品在市场上屡见不鲜。其中也有一些是18世纪的产品，但是大多数毫无疑问是现代的仿品，尽管它们想要伪造出年代久远的感觉。我认为很多这类型的仿品来自安徽和福建省的民窑。日本在二战前出现了很多定窑碗的仿品，其口沿为芒口不施釉，但在我的印象中它们都不带铜镶边。卢彻·艾伯顿（Rucher Embden）告诉我们，为了去除现代定窑仿品刺眼的亮光火气，中国人用黄包车苦力们穿破的鞋底来打磨瓷器。

6．“钧釉”。这是唐英的名品，他因烧造出高仿钧釉器物而闻名。共介绍了五个钧釉品种：玫瑰紫、海棠红、茄花紫、梅子青、骡肝马肺，均是根据宫廷收藏的钧窑器物仿制的。其他四种“依据新获得的器物”仿制的釉色是：新紫、米色、天蓝、窑变。在正品和仿品上烧成的丰富釉色必然归功于窑中不可控制的变化。值得注意的是，几乎所有的钧窑器物不是被标为宋，就是现代仿品。一些品质差的器物被归为元代产品，根据维涅的原则：“当对一件器物存疑，就认为它是元代的吧。”但是“已经证实，钧州（属于河南省，距开封不远）的窑场在宋代因窑变釉产品而著名，到了元明时期，一直窑火不绝。但是想要区分几个世纪以来的钧窑产品目前还做不到。通常会把钧窑类型中较为粗劣器物作为元代产品，这类器物胎体为粗糙的陶器质地，胎色呈黄褐色、红色或棕色，收藏家很少会想到这类器物也有可能是明代生产的”[5]。值得怀疑的是，是否只有柔和的仿钧窑器才是明代烧造的？一直以来大家似乎都这样默认了。而区分这类产品和18世纪的仿品相当容易。任何人都能分辨图130中的这件器物。但是，哪些是唐英仿钧窑器的精品，目前还没有确定的结论。这些著名的钧窑带数字款钧窑瓷器中，会不会也有唐英的仿品呢？但是想要仿制器物上不出现机械复制的特征，比如模制器型和手绘纹样等，在实际操作中是非常困难的。在陶瓷器烧造中，同样的配方应该烧出同样的器物。但是即使是同一地点选取的两份陶土样本都可能不同，进而烧出不同的釉色。现代陶工很难复制出当时的效果，宋代陶工对于釉色的掌控实在是令人惊叹的。必须承认的是，那些目前明确认定为18世纪的钧窑仿品远远不及宋代正品。雍正朝的陶工似乎采用含有杂质的钴蓝料来着色，但是他们确实在器型上做到了高度复原。

李雪曼相信钧窑与官窑、汝窑密切相关[16]。他甚至将此前作为钧窑典型器的器物命名为“官钧窑”。钧窑绿釉器与北方青瓷的相似性，赫瑟灵顿（Hetherington）已有过研究。

在此处，有必要提一下磁州窑器物，尽管它并不在雍正的清单中，而且一直不受中国人重视。其中被当做宋、元时期，最不济被认为是明代的磁州窑器物中有很大一部分肯定是康雍乾三朝烧造的。这个瓷器品种，产于直隶南部的磁州，是中国年代最久、持续时间最长的窑口。小山富士夫先生提到在河北南部彭城镇附近有一片规模较大的宋代磁州窑窑场，他本人于1941年还去那里进行了调查。但是这种器物在宋代中国北方都有烧造，正如他所言：“磁州窑这个名词已经变成了一个宽泛的分类，指代宋代北方各个社会阶层使用的、地理分布范围极广的低温瓷器。这类器物可以大致分为两类：一类是在素胎上覆上一层白色化妆土的白釉器，通常施以透明釉装饰或加黄色、橄榄绿色或绿色釉，不过这几种釉色比较少见；另一类（通体装饰由铁元素着色的棕色、黑色等色釉）常以剔划纹样装饰。北宋的几乎所有窑口的产品差异都不大，从各窑址的情况来看，此类瓷器品种存有几个变种，但其差异十分细微。”[17]磁州窑器似乎从宋代开始一直延续至今，中间没有出现过中断。卢彻·艾伯顿说他在20世纪20年代看到马车装载着磁州窑器运输到河南府。其中褐地剔白这个品种被生产最多。要鉴别不同磁州窑器物的时代，我们必须参考纪年和文献记载的清代器物，还有更近的产品。霍布森认为：“考虑到磁州窑的传统工艺一直延续，想要鉴别器物的时代是极为困难的。如果商人有手段，那么每一件磁州窑器物都能被说成宋代的，当然这明显是不合逻辑的。收藏家们则更愿意承认一部分现存的磁州窑器物是在明代进行了再装饰，但即使是他们也同意大部分磁州窑器物更有可能是清代仿制的。”[18]

这一情况也存在于河南和福建的仿天目釉器物中，一些民窑的天目釉产品肯定是明代甚至是清代生产的。它们通常可以从器形加以判断，但是有时候任何时代都有可能烧造这类产品。

7. “仿龙泉釉，有浅、深二种”。区分它们和宋代真品并不困难，与宋代原型相比，此时的仿品“更亮，更洁净有光泽”【图131，图132，这两件器物都是康熙时期的产品】。

图131　清康熙，青釉模印云龙纹瓶，“大明成化年制”六字款，高23.3厘米，腹径11.1厘米，哈维·哈登(Harvey Hadden)捐赠，大英博物馆收藏。

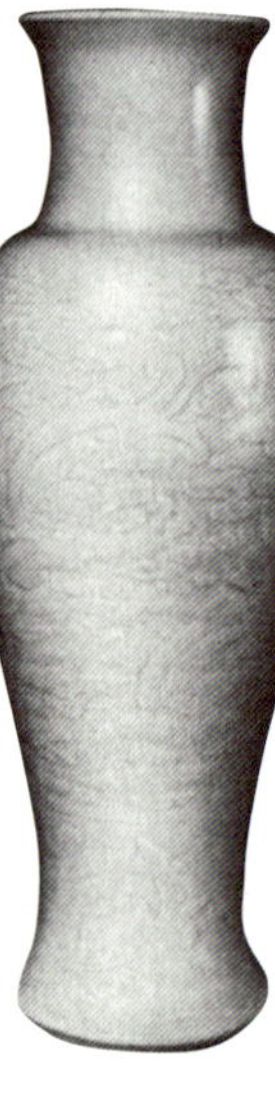

图132　清康熙，豆青釉暗刻云龙纹观音瓶，高61厘米，曾属斯帕克古董行(Messrs. Sparks)，莱斯利·毕比(Leslie Bibby)收藏。

浙江青瓷产业似乎在康熙初期的战乱中被彻底摧毁，此后再也没能复兴起来，这应该要归因于明代青花瓷器的品味已经风靡了伊斯兰世界。

8.“仿东青釉，有浅、深二种”。这明显也属于青瓷大类，该釉色在同治朝清单上也能看到。

9、10.“仿米色宋釉，系从景 镇东二十里外地名湘湖，有故宋窑址觅得瓦砾，因仿其色泽、款式。粉青色宋釉，其款式、色泽同米色宋釉，一处觅得”。据《浮梁县志》记载：“镇东南二十里外有湘湖市，宋时亦陶。土墑埴，其体亦薄，有米色、粉青二色。”白兰士顿在1937年的调查中，因为当地土匪猖獗，未能到窑址实地踏察，不过还是获得了一批该窑址的瓷片标本，包括一些胎体瓷化、薄釉，釉色为暗淡的橄榄绿色的标本，这些可能是仿制唐代越窑烧造的，其他瓷片为影青釉和青花瓷。

对各式明代器物的仿制占了这份清单的十二个条目。其中仿制年代最早的是永乐时期瓷器，包括白釉脱胎瓷（这类瓷器的胎体特别薄，以至于看起来整件器物好像就是两层釉黏结起来的），常以刻划和暗花装饰。收藏家们对这类器物都非常熟悉。雍正仿永乐白釉器的品质不及康熙朝同类仿品。

宣德仿品占据了好几个类别。第一种名为“仿宣窑霁红，有鲜红、宝石红二种”【图133】。白兰士顿认为鲜红釉对窑炉温度的要求似乎不像宝石红釉那么敏感。他补充说：“17和18世纪的这类仿品质量极高，很多仿品的釉面和色泽都与真品相差无几。不过仿品上的年号款识与真品有别，很多仿品的款识差到一眼就能分辨出来。而

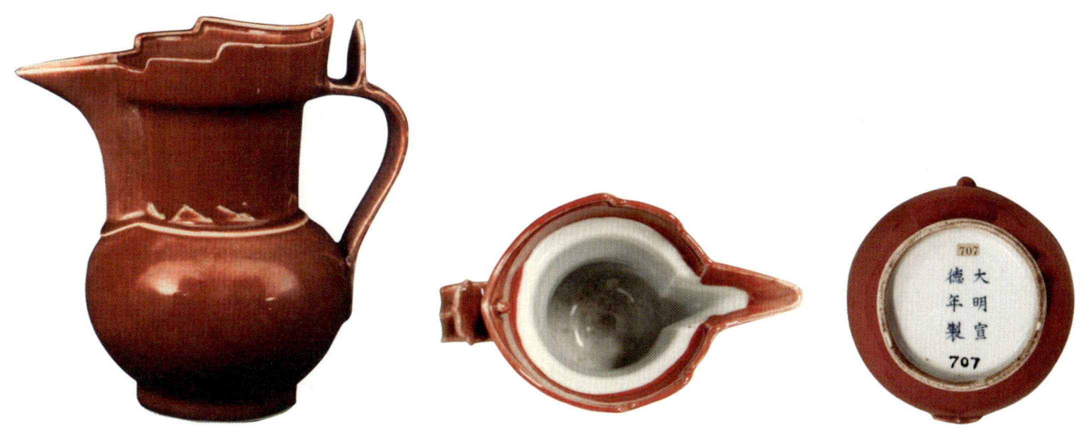

图133　清18世纪，霁红釉僧帽壶，"大明宣德年制"六字二行楷书款，高19.7厘米，宽20厘米，奥古斯特·沃拉斯顿爵士(Sir Augustus Wollaston Franks)捐赠，大英博物馆收藏。

顶级仿品的漏洞恰恰又是款识书写得过于认真谨慎，字体过于规整方正。宣德仿品的汉字尤其如此，笔画不是水平就是垂直，直上直下。青花的色泽也过于浅淡和统一。"宣德碗盘最显著的特征是底部略突出，而清代仿品不管是内底或外底都非常平整[19]。

另一类宣德仿品是以宝石红描绘的三鱼纹、三果纹、三芝纹、五蝠纹（寓意幸福安康），这些仿品也很难与正品进行区分【图134，图135，图136】。大英博物馆所藏的一件高足碗，之前被标示为是宣德器物，不过从器型和釉色来看更可能是雍正仿品【见图134】。为这类高足碗定年是中国瓷器研究中最困难的问题之一，我们会发现白兰士敦和温克沃斯在这些定年上经常会质疑霍布森的结论。一件装饰有釉里红鱼纹的高足碗[20]（《大维德藏品图录》图版CXXXVIII），霍布森认为是宣德器物，而温克沃斯认为是康熙或雍正产品。他还认为那件青花釉里红水波龙纹图案的轴头罐[21]（《大维德藏品图录》图版CXXXVII）[22]并非宣德器物，尽管其带有宣德款识。必须承认，这件器物上的水波纹很呆板，纹样描绘得也很随意，器物本身以及釉色并不差，但是青花的蓝色不像早期青花的发色。最近在美国举办的一次明代青花器物展览图录中也出现了一件类似的罐子（《费城美术馆通讯》图版139），这件器物也有宣德年款，但是在图录中被认定为万历时期产品，而我怀疑它是18世纪的仿品。奥本海姆藏品中也有一件仿宣德青花轴头罐，本身无款，被定为16世纪的产品，但是更有可能是1730年左右生产的【见图86】。关于高足碗，纳尼·奥特玛认为"这些被称为高足碗的器物，器身上的红色鱼纹仿佛在浅绿色的釉面上游动，这类器物在18世纪有大量高仿产品，仿品的质量如此之高，除非器物上有可靠的官方款识，才能进行正确区分"。不幸的是，这些款识并不可靠[23]。

图134 清雍正，釉里红暗刻云龙纹三果纹高足碗，无款，高10.2厘米，直径14.9厘米，现定为明宣德时期，大英博物馆收藏。

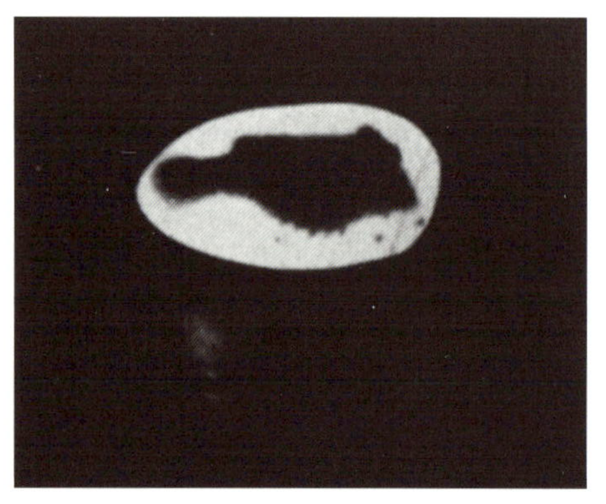

图135 疑为18世纪，釉里红鱼纹瓷片，长6.4厘米，大英博物馆收藏。

图136 18世纪，釉里红双鱼纹笔筒，宣德款，高17厘米，直径7.1厘米，奥古斯特·沃拉斯顿爵士(Sir Augustus Wollaston Franks)捐赠，大英博物馆收藏。

想要区分宣德红釉及其仿品可不是那么容易的。在东方陶瓷学会举办的单色釉展览中，两件小碟就体现了这个问题[24]。温克沃斯在《古董收藏家》（*The Antique Collector*）上对此次展览进行评论时，直接反对学会顾问团对这两件器物的年代认定。还有人也质疑过霍尼在他的著作《中国及其他各国的陶瓷艺术》（*Ceramic Art of China and other countries*）一书图图版 100B 那件宣德红釉碗的真实性。在其他存疑的类似器物中，有一件红釉高足杯，收藏在维多利亚及阿尔伯特博物馆，该器物无款识，且底足挂釉少，很难确定其年代。但是大部分存疑的器物在经过仔细研究，从器形、釉色加以判断，或与确定年代的标准器进行反复比对后，都可以鉴别出来。底足的深度和釉色是两大判断标准。

宣德深蓝釉器物的仿品数量也不少，通常都带有款式，有些还有宣德年号。雍正朝的清单上也包含了宣德白釉器的仿制品【图 137】。这类仿品似乎比真品还要稀少，和红釉器的情况不

图137　清康熙至雍正时期，白釉模印仿宣德风格轮花纹抱月瓶，无款，高25.4厘米，珀西瓦尔·蔡特·马努克(Percival Chater Manuk)与科尔斯小姐(G. M. Coles)遗赠，大英博物馆收藏。

同，红釉器真品是很难获得的。

“宣德深蓝釉器物的釉色非常深，还有些泛红，成品表面常见带有桔皮纹和棕眼”。宣德朝生产的蓝釉器物的颜色有多种变化，这与其他时期生产的蓝釉器物一样，釉层的厚薄、烧造过程中空气充足或稀少，以及在窑炉中的时间长短都会影响到器物发色，过烧或生烧的器物容易呈黑色。宣德器物的蓝色，如白兰士敦所说：“似乎是悬在釉中，与器胎结合不紧密。”[25]通常呈现出不规则的充满活力的气泡和黑色斑点，这是因为钴蓝料没有经过充分提纯。仿制这种深蓝偏黑的釉色对于大多数18世纪的仿制者而言并不是太困难，尽管宣德真品的那种钴蓝料的来源已经不可复得了。跟宣德朝单色红釉器物比起来，宣德青花更难仿制，因此也更容易鉴别。乾隆时期的仿品，为了模仿宣德真品上的铁锈斑，会特意点缀多余的蓝料，这样仿制出来的效果极为粗劣。但是也有一些仿品，可能是雍正时期制作的，质量很高，极具迷惑性[26]。顶级的仿品深具艺术美感，但是还不能完全乱真。青花纹样的轮廓或许是对的，但是笔触不及真品敏感鲜活。而仅看图片很容易上当。

另一类名为“仿宣花黄地章器皿”。白兰士敦认为这种黄釉是宣德时期创烧的。然而，在宣德青花器上加黄彩是非常容易的，用这种方式进行重新装饰的器物，只要仔细检查划痕就能发现。现在我们也可以看到这一时期装饰绿彩龙纹或婴戏纹的黄地碗【图138，图139，图140，图141】。

图138　清雍正，黄地绿彩婴戏图碗，“大清雍正年制”六子二行楷书款，直径14.7厘米，曾为康斯坦丁(Constantinidi)收藏。

图139　清康熙，黄地绿彩团龙纹碗，康熙款，直径14.7厘米，曾为康斯坦丁(Constantinidi)收藏。

图140　清雍正，黄地绿彩福禄鸡心碗，“大清雍正年制”六字二行楷书款，碗内外器壁满施黄釉，直径14.7厘米，曾为康斯坦丁(Constantinidi)收藏；后于1947年7月8日伦敦苏富比拍卖，编号24。

图141　清雍正，黄地绿彩暗刻双龙戏珠纹碗，大清雍正年制”六字二行楷书款，直径14厘米，曾为康斯坦丁(Constantinidi)收藏。

清单中有两类是仿制成化瓷器的。第一类名为“仿成化窑五彩器皿”，第二类是“仿成化窑淡描青花”。第一类特指成化斗彩瓷，这种类型从成化朝开始，一直持续到明末，都有仿制【图142，图143，见图102，图103】。想要根据器物的风格进行鉴别非常困难，并没有一个简单易行的标准。19世纪也有质量相当高的此类仿品。

中国人一直以来都对成化斗彩极为推崇。在中国收藏家的眼中，成化斗彩瓷器与宣德青花瓷器同为前无古人、后无来者的巅峰之作。有意思的是现存一些瓷器用淡描青花勾边，可能是为了来制作斗彩器，但是并未全部完成，可能是因为要到其他地方去上彩【图144】。从成化朝开始，任何一个有品位的人都想要向宾客们展示自己的成化斗彩瓷杯，因此这类器物必然大量被仿制。成化斗彩瓷器的价格在明代晚期就已经非常昂贵了。据说万历皇帝的餐桌上就常年摆放着一对成化瓷杯，值钱十万。《博物要览》写道：“成窑七品，无过五彩。葡萄敞口扁肚靶杯，式较宣杯妙甚。次若草虫子母鸡缸杯，人物莲子酒盏，五供养浅盏，草虫小盏，青花纸薄酒盏。”[27]《野获编》的作者如是说：“至于窑器最贵成化，次则宣德，杯盏之属，初不过数金，余见时尚不知珍重，顷来京师，则成窑酒杯，每对至博银百金，予为吐舌不能下。”而《曝书亭记》的作者朱彝尊，他生活在清朝初年，卜士礼摘录了他的话：“盖尝以月之朔望，观于京师慈仁寺。比日中，天下之货咸集。贵人入市，见陈瓷碗，争视之。万历窑一器，索白金数两，而宣德、成化款识者，倍蓰焉。至于鸡缸，非白金五镒市之不可，有力者购之，不少惜。”〔28〕

雍正清单上另外两个名目是“仿万历、正德窑五彩器皿”和“仿嘉窑青花”。以釉下蓝彩和釉上彩绘装饰的万历五彩瓷并不难鉴别。18世纪仿烧的将军罐并不少见。仿烧的正德朝器物被卜士礼描述为“釉色采取复古风格，将釉施在素胎上，勾勒边框并雕刻”。嘉靖朝的青花器物采用了来自云南的回青料，蓝色发色深而强烈，因此很容易鉴别。嘉靖青花器物令人满意的仿品目前还没有发现。

雍正清单继续罗列了大量仿制康熙颜色釉的产品，包括鳝鱼黄、蛇皮绿釉、黄斑点，臧应选创烧的青绿色点缀紫色和金色釉，油绿釉，月白釉，吹青釉、吹红釉，还仿浇黄锥花器。康熙黄釉和褐釉器物，素面与暗花两种款式均有仿制【图145】。另一类是根据老物件仿烧的珊瑚红釉（抹红）器物【图146，图147】。清单中也提到了描银瓷器，通常为铜胎。这种银彩非常难以控制，而且极易从器物表面磨损消除，因此现存的器物上很难看到痕迹。还有一些釉里红器物看起来也是从康熙原件模仿而来，有些甚至带有康熙年号款，清单中也提及了这个情况。康熙时期的紫金釉色此时依然流行，清单中列举了两类“紫金釉色”的仿品。最后几类仿品分别是素面或暗花青釉、乌金釉（一些是黑色地上留白作装饰，还有一些是黑地描金）。以上就是清单中列举的所有康

图142　清雍正，斗彩松鼠葡萄纹葫芦瓶，“大清雍正年制”六字二行楷书款，高12.8厘米，曾属查尔斯·E·罗素(Charles E. Russell)收藏，大英博物馆收藏。

图143　清雍正或更晚，斗彩花蝶纹蒜头瓶，无款，身高18.5厘米，直径11厘米，现定年为19世纪，珀西瓦尔·蔡特·马努克(Percival Chater Manuk)与科尔斯小姐(G. M. Coles)遗赠，大英博物馆收藏。

图144 清康熙至雍正时期，斗彩婴戏图碗，成化款，直径9.6厘米，西德尼·莫斯(Sidney Moss)收藏。

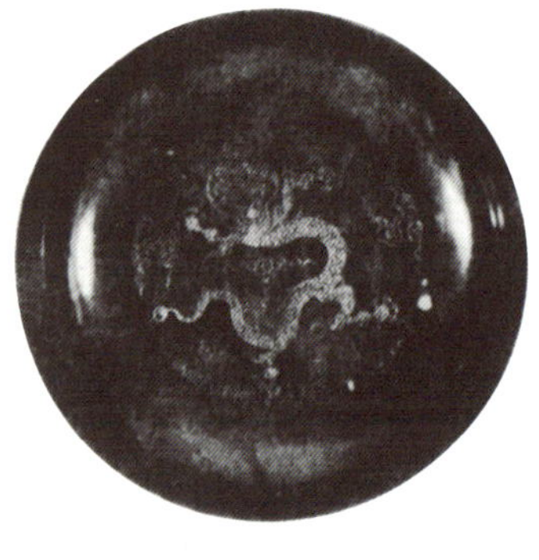

图147 清雍正，珊瑚红釉描金云龙纹盘，“雍正元年监制”六字二行楷书纪年款(1723年)，直径20.3厘米，曾属帕尔默(R. H. R. Palmer)收藏，于1968年5月28日伦敦苏富比拍卖，编号112；1970年3月2日伦敦佳士得拍卖，编号18；1974年12月3日，伦敦苏富比拍卖，编号332。

图145 清雍正，黄釉暗刻龙纹高足碗，雍正款，高19厘米，曾属斯帕克古董行(Messrs. Sparks)，W. A. Younger收藏。

图146 清康熙，矾红地青花花鸟图小杯，康熙款，直径6.1厘米，高4.6厘米，哈里·奥本海姆(Henry J. Oppenheim)遗赠，大英博物馆收藏。

图148 清乾隆，洒蓝釉香炉，仿广东窑场。高6.35厘米。大英博物馆收藏。

熙器物的仿制类型。

清单中与年希尧有关的新釉色是“炉钧釉”，“色在广东窑与宜兴挂釉之间，而花纹流淌过之”，炉钧釉可能是模仿钧釉或广东石湾窑釉色【图148，见图130】或知更鸟蛋的蓝色，这种釉色在乾隆时期很常见，但是色釉不具有流动性。宝石红彩装饰传统龙泉釉色的器物仿品被描述为一种新工艺，这些器物以三鱼纹、三果纹、三灵芝纹或五蝠纹装饰。最多见的是青釉色地上以铜红釉三果纹及深色釉下蓝彩叶片作为装饰。这些叶片有时用钴蓝料勾边，效果极具装饰性。

欧洲传入的色彩，除了珐琅彩、粉彩，还包括不透明的黄、紫、红、绿、黑等多种颜色。对日本（东洋）器物的仿制包括抹金和抹银瓷器。这是仿传统有田烧伊万里瓷器。许多这类日本器物重复使用万历晚期的纹样，并且加上明代年号款。如今它们又被中国人再次仿制，常常销往欧洲市场。清单上可以看到广东石湾窑器物和宜兴陶瓷器也有被仿烧。最后是一些不明确的仿品，比如暗花纹瓷器（锥花器）和用刻划浅浮雕工艺装饰的瓷器（拱花器）等。

雍正朝以粉彩最知名，柔软而精致的颜色从最深的宝石红色到最浅的粉色一应俱全【图149，图150，图151，图152】。同样的宝石红色也会被作为瓷器的背景底色【图153】，这种影响往往是很大的。专为中国市场烧造的瓷器，在洁白的瓷面上以精致空灵的笔法描绘着花鸟【图154，图155，图156】或瓜果【图157，图158，图159，见图82】图案，与那些专为外国市场的生产的过度装饰的、带有开光和红宝石色地的瓷

图149　清雍正，珐琅彩绘菊花诗文碗，“雍正年制”蓝料四字二行楷书款，高7厘米，口径15.1厘米，足径6.5厘米，台北故宫博物院收藏。

图150　清雍正，珐琅彩赭墨牡丹纹题诗碗，“雍正年制”蓝料四字二行楷书款，高7厘米，口径15厘米，台北故宫博物院收藏。

图151　清雍正，珐琅彩玉堂富贵图题诗碗，“雍正年制”蓝料四字二行楷书款，高5.4厘米，口径10厘米，台北故宫博物院收藏。

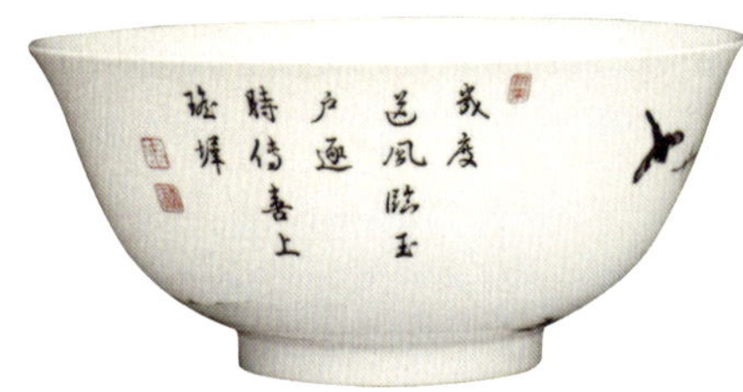

图152 清雍正，珐琅彩茶梅十二喜题诗碗。“雍正年制”蓝料四字二行楷书款，高7.6厘米，口径16厘米，台北故宫博物院收藏。

图153 清雍正，胭脂红底粉彩花卉纹碗，“雍正御制”四字二行楷书款，直径9.4厘米，高3.8厘米，从温克沃斯(W. W. Winkworth)处购得，大英博物馆收藏。

图154　清雍正，外宝石红釉内粉彩折枝玉兰花鸟纹盘，无款，直径20.3厘米，高3.5厘米，曾为查尔斯·E·罗素(Charles E. Russell)收藏，大英博物馆收藏。

图155　清雍正，粉彩鹌鹑图盘，无款，直径20.3厘米，W. H. Cope, Esq遗赠，维多利亚及艾尔伯特博物馆收藏。

图156　18世纪早期，粉彩折枝花卉蝴蝶图盘，成化款，直径19.7厘米，曾为罗素(Russell)收藏。

图157　清雍正，粉彩过枝福寿双全八桃五蝠盘，“大清雍正年制”六字二行楷书款，直径20.6厘米，高4.8厘米，雷金纳德·雷德克里夫·科里(Reginald Radcliffe Cory)遗赠，大英博物馆收藏。

图158　清乾隆，粉彩过枝福寿纹碗，“大清乾隆年制”六字三行篆书款，直径18.5厘米，高8.1厘米，雷金纳德·雷德克里夫·科里(Reginald Radcliffe Cory)遗赠，大英博物馆收藏。

图159　清雍正，粉彩花果纹盘，雍正款，直径15.5厘米，盘外壁施宝石红釉，科里(B. Currie)收藏。

图160　清雍正，珐琅彩青山水白地茶壶，"雍正年制"四字蓝料楷书款，通高9.2厘米，口径7.5厘米，足径8.1厘米，台北故宫博物院收藏。

图161　清乾隆，粉彩藤枝蜜蜂图方形茶壶，"保合六和"蓝彩款，高15厘米，现定年为清雍正至乾隆年间，1946年席勒(F. P. M. Schiller)捐赠，英国布里斯托美术馆收藏。

图162 清雍正，珐琅彩莲塘诗文茶壶，“雍正年制”四字二行蓝料楷书款，高11.4厘米，宽18.5厘米，诗句前有“佳丽”，后有“金成”“旭映”三枚红料印，大维德夫人1973年记录此件原属希皮斯利(Hippisley)收藏，编号330，大英博物馆收藏。

图163 清雍正，斗彩岁寒三友图茶壶，“大清雍正年制”六字三行篆书款，高13.7厘米，宽10.7厘米，通高19.3厘米，霍布森(R. L. Hobson)于1934年记录：此件源于北京宫廷，大英博物馆收藏。

图164　清雍正，粉彩花鸟纹方形酒壶，“雍正年制”四字二行蓝料楷书款，高13.5厘米，背面绘花卉、竹子及蝴蝶图案，曾为罗素(Russell)收藏。

图165　清乾隆，珐琅彩绘山石梅花图诗意茶壶，“乾隆年制”四字二行蓝料楷书款，高11.8厘米，宽17.8厘米。古月轩风格，壶身一面墨书题诗句：“数枝横翠竹，一夜绕朱阑。”上下红料钤印“佳丽”“寿古”“香清”三印。曾属查尔斯・E・罗素(Charles E. Russell)收藏，大维德爵士1946年买入，大英博物馆收藏。

图166　清雍正，粉彩牡丹锦鸡图瓶，雍正款，高23.4厘米，罗素(Russell)收藏。

图167　清雍正，粉彩牡丹锦鸡图瓶，无款，高48厘米，三组一套瓷器中之一对之一，原属伊凡斯·洛姆上校(Col. Evans Lombe)收藏，后经伦敦佳士得1962年5月7日拍卖，成交价：378英镑。

图168-1　清雍正，外胭脂红釉内粉彩何仙姑骑鹿图盘，无款，直径20.3厘米，帕尔默(R. H. R. Palmer)收藏。

图168-2　清乾隆，紫地珐琅彩课子图碟，"乾隆年制"四字蓝料楷书款。高2.7厘米，口径13.4厘米，足径8.1厘米，台北故宫博物院收藏。

图170　清雍正，粉彩牡丹公鸡图盘，直径19.5厘米，背面施宝石红釉，约翰·莫里森(John Morrison)收藏。

图169　清雍正，粉彩雄鸡图将军罐，无款，高61厘米，约翰·莫里森(John Morrison)收藏。

图171　清雍正，粉红地粉彩灵芝花竹诗文碗，“大清雍正年制”六字二行楷书款，高6.5厘米，直径14厘米，曾属帕尔默(R. H. R. Palmer)收藏，1983年购自约翰·H·巴内特(John H Barnett)，大英博物馆收藏。

图172　清康熙，粉红地开光四季花纹碗，“康熙御制”四字二行红料楷书款，高7.1厘米，直径15厘米，足径5.7厘米，台北故宫博物院收藏。

盘比起来更有吸引力。这个时期还生产了一系列装饰有中国品味的茶壶【图 160，图 161，图 162，图 163，图 164，图 165】。遗憾的是，外国风格渐渐成为主流，光影效果和欧洲绘画方式逐渐对中国传统绘画产生了影响。很多这类画珐琅瓷器是在广东生产的，在从景德镇运来的白胎瓷器上加彩制作而成，在此之前给器物上色的艺术家更习惯在铜胎上加彩。这些画工的工作坊制作的器物中有一部分甚至薄如蛋壳，绘画的风格非常精致，经常产生出欧洲象牙微缩画的效果。野鸡【图 166】、鹌鹑【见图 155】、孔雀【图 167】、中国的妇女和孩童【图 168】都是常见的主题。小鸡在岩石、桃花中玩耍的场景可能是其中最常见的【图 169，图 170】，画面蕴含着祈盼功成名就、荣华富贵、光宗耀祖的良好愿望。比这些器物更加出色的是一件雍正御用碗【图 171】，用浅绿、黄、淡紫色在淡粉色地上描绘了水仙、灵芝图案，又在背面用墨彩写上一首短诗。这件器物有点像另一件带有康熙年款的粉地瓷碗【图 172】，现属于中国官方机构收藏。

---

〔1〕唐英写道："景德镇袤延仅十余里，山环水绕，僻处一隅，以陶来四方商贩。民窑二三百区，工匠人夫不下数十万，借此食者甚众。候火如候晴雨，望陶如望黍垛，故重报赛。有神童姓者，窑户也，前明烧龙缸，连岁不成，中使督责甚峻，窑民苦累。神为众蠲生，跃入窑突中以死，而龙缸即成。司事者惊而奇之，建祠厂署祀焉，称风火仙。屡著灵异，窑民岁祀惟谨，拟之社方也。"

〔2〕牛津大学图书馆收藏有这本书的复本。塞耶先生看过这本书，他告诉我其中他找到两段与郎世宁有关的记载。第一段是"我近来从郎世宁那得到一些人物画像"，第二段是"自从与西方学者郎世宁交谈后，我现在可以用西洋风格画中国画了"。

〔3〕卜士礼认为这是新发现，这种说法并不正确。

〔4〕《江西通志》,1732年版。

〔5〕Bushell, *Oriental Ceramic Art*, pp. 223-234.

〔6〕《陶录》记载宣德、成化朝仿品是年希尧治下御窑厂的特色产品。而最好的洪武、永乐、嘉靖、隆庆、万历及宋代湘湖窑的仿品被归功于唐英。有趣的是，有些不太可能被仿制的时代，比如隆庆和万历的器物竟然也进行了仿制！

〔7〕郭葆昌：《瓷器概说》,第30页。

〔8〕W. W. Winkworth, *The Burlington Magazine*, Dec. 1934; *the David collection Catalogue*, p. 93.

〔9〕*the David collection Catalogue*.

〔10〕我想如果霍布森健在，那他一定会改变对其中几件器物的定年。

〔11〕我采用了发表在《东方艺术》（*Oriental Art*）第368期第90页上卜士礼的译文。

〔12〕Sir P. David, A commentary on Ju Ware, *TOCS*, vol. 14, p. 51.

〔13〕Sherman, E. Lee, Sung Ceramics in the light of recent Japanese Research (1936-7）, *Artibus Asiae*, vol, XI, 3, p. 166.

〔14〕*the David collection Catalogue*.

〔15〕R. L. Hobson, *The wares of Ming Dynasty*, pp. 187 and 188.《大明会典》的陶瓷篇引用了明代的官方记录，文中写道"宣德时期，钧州（和磁州）向朝廷进贡了大量瓷瓶和酒缸，到了嘉靖时期，1553年，再一次大量进贡了这两种器物"。霍布森又进一步分析："据此我们可以推测窑场一直接受官方赞助，直到1563年，当该器物征收的税款被减免后，这项赞助也随之取消了。"

〔16〕Sherman, E. Lee, op. cit.

〔17〕Sherman, E. Lee, op. cit.

〔18〕R. L. Hobson, *The wares of Ming Dynasty*, p. 187.

〔19〕A. D. Brankston, *Early Ming Wares of Chingtechen*, p. 26. 然而比较新的仿品可能会出现底部起伏不平的

现象。

〔20〕W. W. Winkworth, *The David Catalogue, The Burlington Magazine*, Dec. 1939.

〔21〕*the David collection Catalogue*.

〔22〕个大维德藏品中最为罕见器物之一就是宣德青花釉里红碗。

〔23〕不过，牛津大学阿什莫林博物馆收藏的一件有可靠万历年款的高足碗上也有红果纹饰。

〔24〕东方陶瓷学会举办的《明清单色釉瓷器展》，1948年10月27日至12月18日，展品129和130，。

〔25〕橘皮纹指的是釉面褶皱不平整，而棕眼是釉中的气泡造成的。

〔26〕通常认为雍正仿宣德青花器物是很容易鉴别的。当然，想要发现布鲁恩特（Bluett）在《东方艺术》（*Oriental Art*，1948年，卷1，第二期，页57）上展示的雍正瓷盘和同一页上展示的宣德原件的差别难度并不大，但是当看到诸如那件属于吴赉熙旧藏，现属于塞奇维克夫人（Mrs Walter Sedgwick）收藏的青花净瓶的时候，问题就出现了。这件器物与霍尼《中国陶瓷艺术》（*Ceramic Art of China*）一书图版 LXXXVII中的瓷瓶极为类似。如果这件器物如我所认为的那样是雍正仿品，那么我们不能小看雍正朝陶瓷工匠仿制这类器物的能力！

梅尔先生（Mr. de la Mare）藏品中也有一件类似器型的瓷瓶，不过质量不同。还有一件来自白兰士顿《明初官窑考》一书中图版 XI，从图片来看，我认为这件压手杯碗的质量相当精良，但是白兰士顿认为它是一件后仿品。从釉面花卉的描绘技法和底部与器身的连接方式都很难发现问题，而白兰士顿恰恰是根据这两点判断出两者的时代不同。但是有可能这两件器物都是宣德真品。

〔27〕青花瓷器仿品并不少见，通常是小酒杯或高足杯，小型印盒或瓷瓶或小碟，以精细的灰青色釉料描绘。

〔28〕Bushell, *Oriental Ceramic Art*, p. 209.

第五章　唐英的督陶官岁月

我们对唐英的了解比他的任何前任和继任者都要多。他不仅是历任督陶官中最为著名的，同时也是一个著述颇丰的作家，他为我们留下了文采斐然的自传。在他的作品中，除1729年编撰的雍正清单以外，还有于1735年出版的《陶成示谕稿》[1]，以及在官方授意下出版于1743年的《陶冶图说》（用20幅画作描绘了陶瓷生产的过程）。他还写了《唐英龙缸记》《陶成纪事》《陶人心语》，此外还留下一些诗歌作品[2]。1915年，景德镇出土了一块石碑，题为《陶务叙略》，碑文中他记录了仿古铜器的努力。

1736年，唐英接替年希尧，成为淮安关监督和御窑厂的督陶官。从1728年开始，他已经作为年希尧的助手在景德镇工作，自从年希尧1729年调任淮安关监督后，实际上是他负责景德镇御窑厂的工作[3]。唐英的工作肯定非常认真尽责，因为他自己后来也承认，当他成为淮安关监督后，1736年到1739年期间，因为路途遥远，他只去过景德镇一次；而幸运的是，在1739年海关监督一职（掌管江西、江南和安徽多个江河关口）的办公地被迁移到九江，唐英依然任监督并继续担任督陶官。比起淮安府，九江距离景德镇很近，这样督陶官每年都可以在景德镇御窑厂待一段时间，亲自监督大部分制瓷工作。根据卜士礼的观点，唐英在这个职位上一直干到1749年，此后由秦勇均接任[4]。郭葆昌则认为他到1753年才卸任。

唐英是满洲人，属包衣旗人，幼年即被康熙皇帝遴选入宫作为司印书童，之后他成为宫中的初等秘书郎。雍正皇帝可能曾经勉励他继续求学，并且提拔了他。1728年被派到景德镇担任年希尧的助手，这一任命显然是出于他本人的意愿。所有描述中他都是最有良知的管理者，这使得他赢得了陶工们的信任和热爱，他与工匠们同吃同住，一起工作和休息一同作息，对他们生活的困境了如指掌[5]。

下文截取自他撰写的文章：

“英，关东之沈阳人也，世受国恩，从龙日下，隶籍内务府，幼即供役于养心殿二十余载。我皇上御极之元年，仰蒙高厚殊恩，拔置郎署。方恐报称无由，乃复于雍正六年秋八月，怡贤亲王口宣天语，命英督监江西窑务，且有‘工匠疾苦宜恤，商户交易宜平’之谕，大哉皇言，何其恩之周而虑之深也！英只承出都，于本年十月间抵厂，一应工匠商户造办交易之事，靡不仰遵圣谕，惕万战兢。凡出纳毫厘，器皿数目，俱系造册报销于内务府总管处按核，算迄今乙卯，七载于兹矣。虽勉竭驽骀，不敢苟忽，然才识鄙浅，舛误实多，荷蒙圣慈不加罪斥，且赐薪水之费五百金，举家佩德饱恩，功难抵罪。自揣微陋小臣，平生过分倖事，实为未有。因念陶固细务，自一身以及工役，皆邀皇上周恤，敢不具述始末以宣扬德意。且坏尊土簋，国家之俭德

图173　清雍正，粉彩群峰秀景图束腰盘，“大清雍正年制”六字三行楷书款，直径54厘米，曾属斯蒂芬·温克沃斯(Stephen Winkworth)旧藏，经伦敦佳士得1990年6月11日拍卖，编号213；伦敦佳士得1990年10月29日拍卖，编号169；及伦敦苏富比2011年11月9日拍卖，编号482，成交价：105万英镑。

攸关，则陶器为世所必需，而制造亦为后所难免；得其道则事半功倍，失其道则公费人劳。苟茫无稽，于后何如？略志述于今。英虽不敢谓陶之微奥确信深知，然既习且久，其于制造之器皿条目、款釉尺寸、工匠钱粮、即夫赏勤劝惰之大略，不无一得之愚。爰举而条例于后，镌石珠山之阳，俾后之继英董理者知所考稽审慎，共体我皇上恤民劝工之至意，庶无靡费扰众之弊。用述梗概，以自志感惕，并示后之君子，倘所谓耕问仆、织问婢者，其或不失此意乎！”[6]

根据《景德镇陶录》的记载，雍正六年（1728）戊申，唐英第一次入驻御窑厂，担任年希尧的助手，因为工作出色而名声显赫。乾隆即位的第一年（1736），唐英担任淮安关榷使一职。乾隆八年（1743）他转任九江关榷使[7]，与此同时，他继续兼任御窑厂督陶官。唐英对于各种陶土的属性以及火候如数家珍，遴选原料时非常小心谨慎，因此他烧成的器物器型完美、釉色透明。他仿烧的每一件古代著名窑口的器物都非常成功，没有哪一种著名釉色是模仿不了的，他的天赋和能力使得自己每次尝试都获得成功。他还烧造出用多种新创色彩装饰的瓷器——即洋紫、法青、抹银、彩水墨【图173】、洋乌金、珐琅画法、洋彩乌金、黑地白花、黑地描金、天蓝以及窑变釉。器物的胎体洁白、丰润、紧实，无论厚薄，都非常精良有光泽，这一时期的御窑器物已臻完美【图174，图175，图176，图177，见图158】。

图174　清乾隆六年(1741),瓷胎画珐琅家雀八哥胆瓶,“乾隆年制”四字二行蓝料楷书款,高20.3厘米,口径3.7厘米,足径4.6厘米,瓶颈空处墨书:“可人鹳鸽知春色,长占东风第一枝。”诗句上下红料钤印“先春”“寿古”“清香”三印,台北故宫博物院收藏。

图175　清乾隆八年(1743),瓷胎洋彩诗句菊花玉梅瓶,“大清乾隆年制”六字三行篆书款,高21.4厘米,口径4厘米,足径6.6厘米,瓶身一面墨书乾隆御制诗《冒雨寻菊》:“秋雨霏霏碧藓滋,闲情今日步东篱。不知冷月寒朝里,开到西风第几枝。”诗文上下红彩描书“乾隆宸翰”“惟精惟一”朱白二篆体方印。台北故宫博物院收藏。

图176　清乾隆，白釉粉彩折枝玉兰花纹碗，“大清乾隆年制”六字三行篆书款，直径11.6厘米，曾属查尔斯·E·罗素(Charles E. Russell)旧藏，于1946年6月25日在伦敦拍卖，编号110；后属亨利·奈特(H.M.Knight)收藏，于1990年11月12日香港苏富比拍卖，编号45，成交价：50.6万港币。

图178　清乾隆，黑釉仿青铜器双耳瓶，堂名款。高31厘米，直径13.8厘米，1937年购买自乔治·尤摩弗帕勒斯(George Eumorfopoulos)，大英博物馆收藏。

图177　清乾隆，粉彩山水人物图灯笼瓶，无款，高23.1厘米，雷金纳德·雷德克里夫·科里(Reginald Radcliffe Cory)遗赠，大英博物馆收藏。

图179　清乾隆，粉彩鎏金婴戏图碗，“大清乾隆年制”六字三行篆书款，直径11.2厘米。曾为罗素(Russell)收藏。

“既复奉旨恭编《陶冶图》二十页，次第作《图说》进呈。”

“临川李巨来先生序公集云：‘独斟酌华实间，有得于心，而龙缸、均窑，追绝业，复古制；翡翠、玫瑰，更出新奇。是公之陶，即公之心为之也。’”

1736年，唐英被任命为淮安关榷使，为了指导继任者，他留下一卷备忘录，名为《陶政示谕稿》，这套书在官方记录中常被引用。浮梁县志引用了书中唐英自撰的前言，他这样写道：

“余于雍正六年奉差督陶江右，陶固细事，但为有生所未经见，而物料、火候与五行丹汞同其功，兼之摹古酌今、侈弇崇庳之式，茫然不晓，日唯诺于工匠之意旨，惴惴焉。惟辱命误公之是惧，用杜门谢交游、萃精会神、苦心戮力，与工匠同其食息者三年。抵九年辛亥，于物料火候生克、变化之理，虽不敢谓全知，颇有得于抽添变通之道。向之唯诺于工匠意旨者，今可出其意旨唯诺夫工匠矣。因于泥土、釉料、坯胎、窑火诸务研究探讨，往往得心应手。至于赏勤警怠、矜老恤孤与夫医药棺櫘、拯灾济患之事，则又仰体皇仁寓赈贷于造作中之至意，此微末小臣尽力宣劳之职也。更历五寒暑，器不苦窳，人不告瘁，迄雍正十三年计费帑金数万而制进圆琢等项不下三四十万件，幸免靡帑误公之咎。今上龙飞之乾隆元年，承命榷淮陶务告竣，爰将历年来事宜示谕诸稿，除散轶外，检其存者汇缮成帖，以志九载办理之梗概云。”

《陶冶图说》中他所写的图注已经被引用过[8]。

雍正后期得以烧造出那样完美的器物可能更应该归功于唐英，而非年希尧。大多数唐英创烧的新釉色——洋紫、法青、抹银、彩水墨、洋乌金、珐琅画法、洋彩乌金、黑地白花、黑地描金、天蓝等都是在雍正时期烧造成功的。其他像茶叶末釉，尽管也是雍正时期创烧的新色釉，但是更多地与乾隆朝联系在一起。但是古老的古铜彩【图 178】和铁锈花装饰可以确定是唐英在乾隆朝创烧的。他还创烧出芥末黄、黄绿色、薰衣草蓝【图 179】以及珊瑚红等多种新色釉，《陶录》还提到“独斟酌华实间，有得于心，而龙缸、均窑，追绝业，复古制；翡翠、玫瑰，更出新奇。是公之陶，即公之心为之也。”

有几件品质上乘的器物，主要用精细的色釉装饰，带有唐英的名款，同时配一首他所写的或由他授意所写的诗。

布鲁斯先生（Mr. Bruce）所收藏的著名的薰衣草色瓷瓶就是这样一件器物，它曾经属于罗素（Russell）旧藏【图 180】。这件花瓶上刻着这样一首诗：“蜀国芙蓉名二色，重阳前后始盈枝。好看玉露开花日，正是金风落叶时。”这首诗很有可能出自唐英之手。

诗文前面有一枚椭圆形章“新月”，还有另外两枚闲章，刻“榷陶”和“水墨”。另外还有一件带“榷陶”款的彩绘山水纹样装饰的瓷瓶[9]【图 181】。

卜士礼记录了一件带题记的青花烛台，装饰有经典的卷涡纹，烧造于1741年，由唐英供奉

图180　清乾隆，天蓝地粉彩菊花诗文瓶，无款，高19厘米，唐英题诗，署名“榷陶”。唐英，1736—1753年于景德镇御窑厂督陶。曾属罗素(Russell)、布鲁斯(R. C. Bruce)收藏。现为德国汉堡艺术和工艺美术博物馆收藏。

在东壩[10]的一座道观内。题刻写道：“养心殿总监造，钦差督理江南淮宿海三关兼管江西陶政九江关税务，内务府员外郎仍管佐领加五级，沈阳唐英敬制，献东壩天仙圣母案前永远供奉，乾隆六年春月谷旦。”

唐英任督陶官时期烧造的器物和他还只是副职时负责烧造的器物目前看来已经无法辨别了，除非能够找到那三年中的宫廷订单。但是我认为那件装饰着石榴花和鸟图样，体现着中国传统审美趣味的可爱的瓷瓶可能就是雍正到乾隆交替时期的器物，这件瓷瓶现属于布鲁斯先生的收藏【图182】。它肯定是一件御用瓷器，几乎会被认为是雍正末年在唐英的督造下生产的，但是从年款和矾红的使用上能看出事实可能并非如此。我知道在乾隆之前清代陶瓷并没有出现用釉上矾红彩来书写年号的情况【图183，图184】，在我看来，使用蓝色、粉色、薰衣草色、黑色书写釉上年款，最早出现在康熙朝，尽管并不是每一个人都能认可所书年款的器物。

图181　清乾隆，唐英制粉彩山水题诗句灯笼瓶，无款，高17.5厘米，外壁题诗一首，钤印“榷陶”，曾为Wang Kai Zur(音)，(1908年在上海举办的中国古董展委员会委员)、查尔斯·E·罗素(Charles E. Russell)旧藏，并于1946年6月25日伦敦拍卖，编号79；后属白纳德夫妇(Paul and Helen Bernat)珍藏，于1988年11月15日香港佳士得拍卖，编号52；另2011年4月30日香港佳士得拍卖，编号516，成交价：312.5万港币。

图182　清乾隆，粉彩喜鹊石榴花纹天球瓶，乾隆款，高33厘米，曾属布鲁斯(R. C. Bruce)，英国布里斯托美术馆收藏。

图183　清雍正至乾隆，暗蓝色地浅绿釉花草纹釉里红龙纹瓶，无款，高17.8厘米。温克沃斯(W. W. Winkworth)收藏。

图184　清雍正至乾隆，霁蓝釉地青釉釉里红花卉纹天球瓶，无款，高24.1厘米，温克沃斯(W. W. Winkworth)收藏。

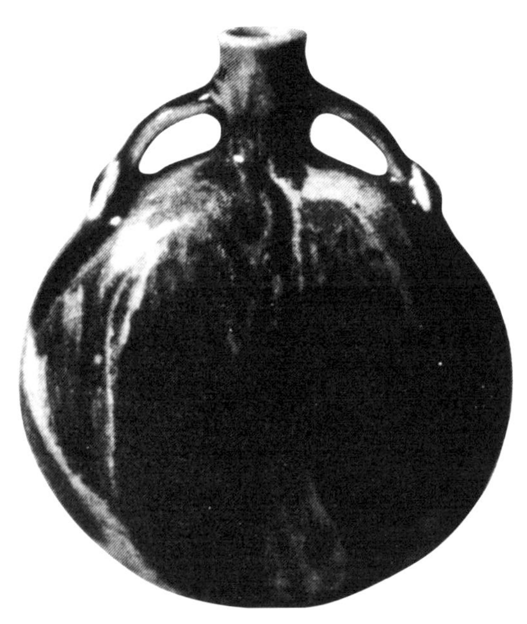

图185 18世纪，窑变釉抱月瓶，无款，高11.4厘米，饰以红、蓝、褐釉，大英博物馆收藏。

除了神秘的柴窑器物，唐英似乎仿烧了所有宋代著名的色釉，他的仿钧窑器物尤其著名。《陶录》提到唐英还仿烧明代洪武、永乐、正德、嘉靖、隆庆和万历朝的器物，以及宋代湘湖窑器、宜兴欧窑器、广东石湾窑器等。他还擅长仿制窑变釉，可以随心所欲地控制窑炉内气氛火候，烧出富有变化的釉色[11]【图185】。乾隆窑变器物的釉色一般是从绿松石、紫色色块、斑点变化到番茄红、深红色，不过也有其他更加细微的色彩组合。釉面有轻微的开片，流釉通常过足，必须经过后期打磨。

《陶录》还特别提到唐英督造的龙泉窑仿品，评价其品质极佳，用“宝烧”这个词来指代。他仿烧的广东石湾窑器物器型优雅、釉面光滑，一直以来都被认为是更胜于原作。

乾隆时期陶瓷器最突出的一个特点是对其他材质惟妙惟肖的仿制。捶揲的金器【图186】、压印的银器、玉石和其他硬质石材的雕刻品，漆器、螺钿镶嵌工艺品、景泰蓝【图187】、犀角、竹木【图188】、匏或贝壳雕刻品都可以用瓷器仿制。“象牙、贝壳和竹木的质感细致地通过瓷器传达出来，而表面的颜色能够准确再现大理石和布丁岩的纹理、玉石中的斑点、带条纹的红玉髓、漆器的质感，以至于你只有亲手把玩这些器物，才会相信它们是用陶土烧造而成的瓷器。金银的效果是用这些金属制备的釉色实现的，黄铜和青铜的表面色彩、铁锈效果，还有中国古物学家非常喜爱的铜红绿锈效果的色彩是通过多种色釉[12]的组合烧造而成的，这些色釉用刷子刷或喷洒在第一层底色上。”异国的新奇工艺品都会被搜罗过来进行仿制，日本早期伊万里器物、威尼斯的玻璃器、意大利的药罐、荷兰代尔夫特和法国利摩日的釉陶都有被仿制。

图186　清乾隆，仿金银器风格凸雕婴戏图盖盒，乾隆款，直径8.9厘米，温克沃斯(W. W. Winkworth)、唐纳利(P. J. Donnelly)收藏。

图187　清乾隆，霁蓝釉沥粉粉彩莲池纹罐，乾隆款，高38.1厘米，仿掐丝珐琅风格，布鲁斯(R. C. Bruce)收藏。

图188　18世纪或更晚，黄彩仿树根双耳三足香炉，高9.1厘米，按照项元汴书中的器型烧造，现定年为清康熙时期，哈里・奥本海姆(Henry J. Oppenheim)遗赠，大英博物馆收藏。

图189 清乾隆，粉彩婴戏图笔筒，“大清乾隆年制”六字三行篆书款，高9.2厘米，笔筒内及器底饰松石绿釉，曾为罗素(Russell)收藏。

图190 清嘉庆，粉彩八仙人物图杯，嘉庆款，高7厘米，内壁施松石绿釉，珀西瓦尔·蔡特·马努克(Percival Chater Manuk)与科尔斯小姐(G. M. Coles)遗赠，大英博物馆收藏。

从1739年到卸任1749年或1753年，唐英只能短期驻扎在御窑厂，将大部分督陶工作委托给他的助理，这个事实或许对保持他的声誉是一件好事，因为乾隆朝生产的大量器物外表机械乏味，装饰纹样单调。尽管它们体现出强大的创新力，但是缺乏艺术的原创性。器物表面的装饰过于繁复，描金部分过多，诸如“百花不落地”(mille fleurs)之类的纹样充斥泛滥，产生非常混乱低俗的视觉效果。在许多器物底部以及足外缘，都覆盖着一层令人不悦的孔雀绿釉（欧洲绿），这种釉色大概在1750年左右出现，施加这层绿釉后底足很少有空间添加年号款【图189，图190】。这一时期占主导地位的釉色依然是粉彩，但是已经失去了早期的透明质感。所谓的“洋彩”，包括浓重不透明的白色、浑浊的粉色、不透明的芥末黄色、青柠绿色、枣红色等都是乾隆后期瓷器的代表色。这一时期还生产大量的单色釉器物，包括孔雀蓝、深紫色、苹果绿和黄瓜绿釉。珊瑚红釉器物也大量烧造【图191】，同时还有一种新的宝石蓝釉色。大多数乾隆朝单色釉器物可以通过精致的开片釉面来鉴别。器型大多为带有象首【图192，图193，见图112，图114】和饕餮纹耳的仿古青铜器造型。表面常有凹陷或麻点。最后一个特点就是中国陶瓷学者口中著名的“桔皮釉”。

乾隆[13]的统治延续了他祖父康熙的盛世，在他英明的治理下，清王朝达到了自唐朝以来最大的疆土，但是在他的晚年，这个庞大王朝衰落的迹象已经显现。1795年，85岁的乾隆

图191　清乾隆或更晚，珊瑚红釉胆式瓶，无款，高10.6厘米，直径6.35厘米，现定年为清18世纪，奥古斯特·沃拉斯顿爵士(Sir Augustus Wollaston Franks)捐赠，大英博物馆收藏。

图193　清乾隆，粉青釉浅浮雕夔龙纹鸠耳壶，"大清乾隆年制"六字三行篆书款，高19.4厘米，曾属温克沃斯(W. W. Winkworth)收藏，再为张宗宪先生珍藏，曾于1972年12月12日在伦敦苏富比拍卖，编号161；1979年11月28日再次拍卖，编号370，并著录在《香港苏富比二十周年》纪年刊中，编号316。1999年11月2日在香港佳士得张宗宪私人收藏专拍中拍卖，编号504；后于香港佳士得2008年5月27日拍卖，编号1590，成交价：760.75万港币。

图192　清乾隆，茶叶末釉青花矾红龙纹双耳瓶，无款，高41.7厘米，大英博物馆收藏。

图194　清乾隆，绿彩云龙纹罐，"大清乾隆年制"六字三行篆书款，高18.4厘米，曾属温克沃斯(W. W. Winkworth)收藏，于1977年11月29日，香港苏富比拍卖，编号128；1979年4月2日，伦敦佳士得拍卖，编号65；1990年11月13日，香港苏富比拍卖，编号355。

图195 清乾隆，粉彩牡丹双凤纹象耳方壶，"大清乾隆年制"六字三行篆书款，高15.5厘米，曾为布鲁斯(R. C. Bruce)收藏，英国布里斯托美术馆收藏。

皇帝将皇位禅让给儿子[14]，当上了太上皇。而在另一边，由欧洲势力推动的内乱便发生了。

如他的祖父和父亲一样，乾隆皇帝也热衷艺术，许多欧洲艺术家和建筑师在宫廷内任职。他对于宋代瓷器有着浓厚的兴趣，广为收集，并在许多器物上加刻御制诗，尽管这种情况远不如他在收藏的珍贵绘画作品上加盖各类鉴赏印章和题诗多。

在乾隆朝，以绿彩为主色调的五彩瓷完全停烧了，釉下蓝彩纹样也不再流行。

在乾隆朝，青花变得不再流行，除了在一些软瓷上还在使用，同时五彩瓷被完全废弃。之后一种新的釉彩种类开始出现，结合了一种硬绿彩（有时也会单独使用，图 194），洋彩，淡色调的铁红和前朝出现的番茄红【图 195，图 196，图 197】。这种釉色一直持续到 19 世纪【图 198】。瓷质人像流行使用釉上彩装饰【图 199，图 200】，包括常出现在制作小丑瓷塑这类器物时，用大片彩釉装饰，点缀黑色釉彩，之后再施加一层透明釉。到了乾隆朝中后期，各种欧洲装饰纹样都在瓷器上出现，但是它们并非全都是为外销而制作。这一时期生产了大量形式各异，尺寸齐全的外来式样的全套晚宴、早餐和甜点餐具，包括汤盘、酱油船、带盖蔬菜盘、沙拉碗、热汤盘、水果盘以及存放油、盐、醋、胡椒粉和芥末的容器，甚至还有鸡蛋杯，这些器物上经常以欧洲纹章装饰。仿烧的宋代单色釉器物范围也有所扩大，也仿制明代和康熙朝烧造的红色、孔雀绿色、黄色及茄皮紫色单色釉器物。白彩是这一时期的创新【图 201】，经常使用两种彩料，把彩料吹积

图196　清乾隆，青花彩绘缠枝花绘纹带盖梅瓶，无款，高68.6厘米，利希慎爵士(John Buchanan Jardine)收藏。

图197　清雍正，斗彩云龙纹斗笠盖碗一对，“大清雍正年制”六字三行楷书款，高14厘米，直径21.6厘米，曾属斯帕克古董行(Messrs. Sparks)，后于1984年6月29日纽约佳士得拍卖，编号448。

图198　清嘉庆，五彩龙凤纹碗，"大清嘉庆年制"六字三行篆书款，直径15.2厘米，高7.6厘米，现定年为1801-1850年，奥古斯特·沃拉斯顿爵士(Sir Augustus Wollaston Franks)捐赠，大英博物馆收藏。

图199　清乾隆，粉彩男子驮女子造型塑像，高20.3厘米，曾为亨利·布朗(Henry Brown)收藏。

图200　清乾隆，粉彩女子抱犬造型塑像，高22.2厘米，曾为亨利·布朗(Henry Brown)收藏。

图201　清乾隆，粉彩缠枝牡丹纹抱月瓶，无款，高31.5厘米，现定年为18至19世纪。曾属弗雷德里克·布鲁斯爵士(Sir Frederick Bruce)收藏；后由布鲁斯(R. C. Bruce)收藏，曾于1953年5月12日，在伦敦苏富比上拍，编号141；后属斯帕克古董行(John Sparks Ltd.)，及 W. A. Evill珍藏。1980年12月17日在伦敦苏富比拍卖，编号676；2015年9月15日纽约苏富比拍卖，编号397，成交价：11.8万美金。

图202　清乾隆，霁蓝釉描金粉彩轧道云龙纹福寿瓶，乾隆款，高32.5厘米，布鲁斯(R. C. Bruce)收藏。

图203　清乾隆，粉彩轧道喜鹊登梅图瓶，高43.2厘米，口沿及底足镶金属口，约翰·莫里森(John Morrison)收藏。

图204　清乾隆，御制粉红地粉彩轧道蝴蝶瓶，"大清乾隆年制"六字三行篆书款，高45.7厘米，此件被认为是1860年之前珍藏于圆明园中，之后传为洛赫爵士(Lord Loch of Drylaw, 1827-1900)珍藏；阿尔弗雷德·莫里森(Alfred Morrison, 1821-1897)于威尔特郡的放山居(Fonthill House)旧藏。1971年10月18日，伦敦佳士得莫里森收藏拍卖，编号65；之后属马钱特古董行(Messrs. S. Marchant & Son)，2008年12月3日，香港佳士得此件蝴蝶瓶专拍，编号2388，成交价：5330万港币。

在另一种釉色上。其中有些器物，甚至连足部的白釉都看不到。上述提到的这些釉彩大部分都浓厚、不透明，沉闷的釉面上经常精致地嵌入一种被称为“轧道”（graviata）的纹样【图202】。约翰·莫里森先生（Mr. John Morrison）的藏品中就收入了不少各种款式的这类瓷器【图203，图204，图205，图206，图207，图208】。粉彩色釉被过度使用，甚至用它来烧造单色釉【图209】，也被用来模仿釉里红器物【图210右】。釉里红装饰本身还在延续，有时也会单独出现在白色背景上，这在雍正瓷器列表中也有记录【图210左】，而更多地情况下釉里红会和青花结合使用【图211，图212】。康熙时期的嵌螺钿器物又重新受到青睐。尽管总体来说标准在下降，但个别釉色精美、高质量的器物也被制作出来【图213，图214，图215，图216】，同样包括各种单色釉的碗【图217】。

不过乾隆朝生产的所有陶瓷中最有趣也是到目前为止最神秘的产品是御用瓷器中一类精选瓷器，名叫“古月轩”。这类瓷器完全以中国审美风格装饰，但是常常可以在画面中透出西方对光影的处理技法。器物上常题刻诗句并带有红色印章，且大多压印年号款。中国的文献表明这些器物在唐英的督造下达到完美境界，但是唐英在古月轩瓷器生产过程中到底参与了多少，我们尚不得而知。据我所知，没有一件器物带有他的名款。但是围绕着这一品种瓷器有太多复杂的传说故事，因此我将专门在附录中集中介绍[15]。

图205 清乾隆，胭脂红地粉色轧道镂空八卦图缠枝西番莲纹双耳瓶，“大清乾隆年制”六字三行篆书款，高31厘米，原属约翰·莫里森(John Morrison)收藏，后于1971年10月18日，伦敦佳士得莫里森收藏拍卖，售价751英镑。

图206 清乾隆，孔雀蓝地粉彩贴塑云龙纹胆瓶，乾隆款，高33厘米，原属约翰·莫里森(John Morrison)收藏，后于1971年10月18日，伦敦佳士得莫里森收藏拍卖，售价420英镑。

图207　清乾隆，浅黄地洋彩锦上添花“万寿连延”图长颈葫芦瓶，“大清乾隆年制”六字三行篆书款，高40厘米，曾属洛赫爵士(Lord Loch of Drylaw, 1827-1900)、威尔特郡放山居(Fonthill House)阿尔弗雷德·莫里森(Alfred Morrison, 1821-1897)、约翰·莫里森(John Morrison)、Margadale勋爵珍藏；曾于伦敦佳士得1971年10月18日拍卖，编号74；后属纽约Jen Chai Art Gallery，编号A520(戴润斋公司标签)；之后于2010年10月7日香港苏富比戴润斋专拍中上拍，编号2126，成交价：2亿5266万港币。

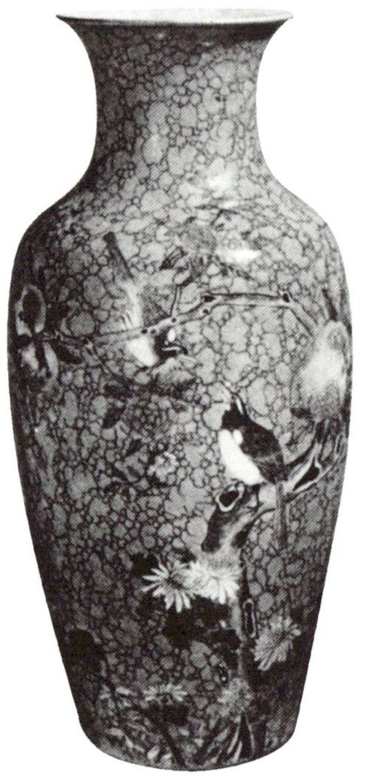

图208　清乾隆，松石绿地细描云纹粉彩花鸟图瓶，无款，高49.5厘米，约翰·莫里森(John Morrison)收藏。

图209　清乾隆，胭脂红地粉彩贴塑石榴纹瓜棱瓶，乾隆款，高20.8厘米，内壁施松石绿釉，现定年为清18世纪，奥古斯特·沃拉斯顿爵士(Sir Augustus Wollaston Franks)捐赠，大英博物馆收藏。

图210　清乾隆，釉里红几何纹绶带耳抱月瓶(左)；清乾隆，胭脂红釉几何纹绶带耳抱月瓶(右)，均为乾隆款，高17.8厘米，(左)曾为马尔科姆·麦克唐纳(Malcolm Macdonald)收藏，于1979年11月28-29日在香港苏富比拍卖，编号223；(右)曾为布鲁斯(R. C. Bruce)收藏，于1979年11月28-29日在香港苏富比拍卖，编号181。

图211　清乾隆，青花釉里红牡丹双凤纹方壶，无款，高15.5厘米，现定年为18世纪，曾为布鲁斯(R. C. Bruce)收藏，于1953年5月12日伦敦苏富比拍卖，编号131；后为埃维尔(W. A. Evill)收藏，并于1980年12月17日伦敦苏富比拍卖，编号640；1989年5月17日香港苏富比拍卖，编号223；2006年4月10日香港苏富比拍卖，编号1680；2017年4月5日香港苏富比拍卖，编号3683，成交价：150万港币。

图212　清乾隆，青花釉里红云龙纹抱月瓶，乾隆款，高33厘米，曾属杰拉德·莱特林格(Gerald Reitlinger)收藏，后于1974年11月25-26日伦敦佳士得拍卖，编号213。

图213　18世纪，素三彩李太白望蜀地瀑布图杯，成化款，直径5.7厘米，曾为罗素(Russell)收藏。

图214　清乾隆，粉彩鹌鹑图杯，高7厘米，曾为罗素(Russell)收藏。

图215　清乾隆，粉彩八仙人物蓝采和图杯，“大清乾隆年制”六字三行篆书款，高8.3厘米，曾为罗素(Russell)收藏。

图216　清乾隆，粉彩百猴图瓶，大清乾隆年制”六字三行篆书款，高27厘米，曾属布鲁斯夫妇(Mr. and Hon. Mrs. R. C. Bruce)收藏，后经伦敦苏富比1974年4月2日拍卖，编号352

图217　清乾隆，黄地粉彩花卉五福官碗，“大清乾隆年制”六字三行篆书款，直径15厘米，高6厘米，奥古斯特·沃拉斯顿爵士(Sir Augustus Wollaston Franks)捐赠，大英博物馆收藏。

〔1〕这本书的序文以《陶成示谕稿》的形式，单独出版发行。

〔2〕在这些诗歌中有一首题为《留别陶署》，这首诗必定是1736年唐英离开景德镇，去淮安赴任之时有感而发写下的。其中一段是这样写的："半野半官栖八载，谁宾谁主寄孤情。梁间燕垒分辛苦，槛外花枝负约盟……西江八载赋皇华，淮海乘春又放槎……古亭翠撷心裁句，珠阜香留手植花。"

〔3〕年希尧显然对唐英的评价很高，《陶录》中引用《重修风火神庙碑记》中年希尧的一段话："予自雍正丁未之岁，曾按行至镇。越明年，而员外郎唐侯来偕董其事，工益举而制日精，予仍长其任。一岁之成，选择包匦，由江达淮，咸萃予之使院，转而贡诸内廷焉。"唐英与年希尧的关系不错，这一点可以从他的自传中看出来。

〔4〕Bushell, *Oriental Ceramic Art*, p. 279.译者注，原文为"Chin Yung-chun"，应为乾隆时期九江知府秦勇均，查阅相关文献资料，并无直接记载秦勇均有负责御窑厂相关的事务，唐英之后继任九江关监督负责督陶的应为惠色。

〔5〕郭葆昌：《瓷器概说》，第28页。"其人博学多识，复能与工匠同其食息。萃精会神，研究探讨，卒乃融会贯通，别抒意匠，效古肇今，并多妙语，官窑器之发达以英时为最盛。"

〔6〕Bushell, *Oriental Ceramic Art*, pp. 393-395.

〔7〕卜士礼认为唐英在1739年被调任到九江，并且引用了一则题记，据他分析，这则题记证明了唐英在1741年在九江担任监督。

〔8〕倒数第二张插图，即19号图题为"束草装筒"。图下附唐英的说明："厂器陶成，每岁秋、冬二季，雇觅船只夫役解送圆琢器皿六百余桶。岁例：盘、碗、钟、碟等上色圆器，由一二寸口面，以至二三尺口面者，一万六七千件；其选落之次色，尚有六七千件，一并装桶解京，以备赏用；其瓶、罍、樽、彝等上色琢器，由三四寸高，以至三四尺高大者，亦岁例二千余件；尚有选落次色二三千件不等，一并装桶解京，以备赏用。"

〔9〕同样属于罗素藏品。

〔10〕位于运河北岸的一个小镇，连接着通县和北京。

〔11〕殷弘绪在1722年具有预见性地提到："我看到一种叫做窑变的瓷器。这种变异发生在窑炉中，可能是因为烧造中的失误、过烧或其他难以解释的原因造成的。这种工匠们眼中的废品完全天成，不受人为因素的控制，和一般的瓷器一样美观、昂贵。工匠们试图制造浅红色釉，一百件都失败了，单单我提到的这一件出窑后，像一种大门的式样。如果有人愿意冒风险，承担多次试验的开销，他或许能洞悉每一次釉彩天成的奥妙。"

〔12〕《陶说》卷一："近代一技之工，如陆子冈治玉，吕爱山治金，朱碧山治银，鲍天成治犀，赵良璧治锡，王小溪治玛瑙，蒋抱云治铜，濮仲谦雕竹，姜千里螺甸，杨埙倭漆，今皆聚于陶之一工。"

〔13〕他即位时还不到25岁。

〔14〕他三年后驾崩。

〔15〕见附录一。

第六章　衰落期

目前并不清楚唐英卸任御窑厂的具体日期。两种不同的说法分别是1749年和1753年。到底他是告老回乡，或是升任他职，还是卒于任上，可能在景德镇的地方志中会有所记载。关于他的继任者是何人，研究者们也有不同意见。卜士礼认为在1749年秦勇均接任了他的职务，[1]而《陶录》中记载唐英的继任者名为刘伴阮（刘源）。刘伴阮接受任命的时候肯定已经是一位老人了，因为他经历了年希尧和唐英两任督陶官，一直在御窑厂任职，据记载他的山水画技法超群，并且是一位书法名家。[2]

据卜士礼研究，直到1778年，御窑厂督陶官一直都是从宫廷内务府委任，1778年以后，控制权移交给了地方政府。但是《陶录》记载，1787年裁去驻厂协理官，由饶州同知、景德巡检司共同负责瓷器的生产和运输工作。

御窑厂的繁荣以及景德镇本身的富庶，实际上依赖于皇家的赞助。在宋元明三朝，每个政权被推翻之前的动荡都与陶瓷艺术的衰落时间相契合。清代的情况也印证了这个规律。18世纪后半叶整个清王朝经济富庶，内部安定，版图向外扩张。[3]在乾隆皇帝的英明决策和铁腕意志治理之下，当地政府连续数年减免了赋税以发展陶瓷业。

那些对于王朝统治不利的因素，虽然在乾隆时期被彻底压制，但最终还是在他的儿子——继位者嘉庆皇帝——在位时期爆发出来。就在他继位那年，河北发生了由白莲教引发的暴乱，直到1804年才得以彻底镇压，其间他本人也差点在北京街头被反叛分子刺杀；之后在贵州又发生了王囊仙叛乱。19世纪初，清王朝已经注定了覆灭的命运，统治阶级面临着外忧内乱。从1820年开始，为了延续闭关锁国的独立王国状态，清王朝陷入与欧洲列强持续不断的战争泥潭中。第一次交锋以1842年中国被迫签订《南京条约》告终，条约规定中国必须开放对外贸易，并允许国外传教士自由活动，保障外国在中国的涉外法权以及割让香港。在国内，清廷的统治不断受到各地反朝廷宗教神秘团体的威胁，其中势力最强的就是太平天国运动。这场运动从1850年持续到1864年，使得华中地区陷入一片混乱，景德镇也被完全摧毁，要不是外国势力的插手干预以及太平军领导层的愚蠢决策，这场运动或许已经推翻了清王朝。时人如章学诚的文章也证实了军队的无能，官僚效率低下，腐败横行，加上灌溉系统故障以及一连串的全国性大灾害，助长了民众的反抗情绪。清王朝又在风雨飘摇中苟延残喘了半个世纪，直到后来爆发的更具破坏性的战争和列强的蚕食鲸吞引发了全国范围的反抗和革命，清王朝才最终于1911年覆灭。景德镇在乾隆朝后的历史就是发生在这样的历史大背景之下。

在1749年后的陶瓷生产传统并没有明显的断裂，尽管在唐英离开之后制瓷业便开始走下坡

图218　清乾隆，豆青釉粉彩描金开光山水图双耳瓶，“大清乾隆年制”六字三行篆书款，高11.7厘米，瓶身上装饰描金缠枝花卉及回纹，瓶腹正中开光粉彩描绘山水图，瓶口至颈内施以松石绿釉，曾为罗素(Russell)收藏。

图219　清乾隆，粉地轧道粉彩开光山水图贯耳瓶，“大清乾隆年制”六字三行篆书款，高32.5厘米，布鲁斯(R. C. Bruce)收藏。

路。与之前相同的单色釉、多色釉器物，以厚重不透明的洋彩装饰的器物，还有模仿青铜器造型，带有饕餮纹和象首耳的器物依然在烧造。矾红、珊瑚红、黑、孔雀绿以及茶叶末釉器物是最为常见的单色釉品种。这些彩瓷多装饰金色的缠枝花纹【图218，图219】，画面变得更为精致繁复。这一时期还烧造开光瓷灯笼、花口香水瓷盒，有时配上陶瓷链，再覆盖模制或镶嵌的花卉做出完整的装饰效果【见图209】，很多著名的转心瓶也是这一时期的产物。霍尼称之为“用错了地方的工艺奇迹”【见图205】。

比这些器物更吸引人的是玲珑瓷瓶和瓷碗。在这种工艺中，先剔除掉瓷胎上的一小部分，再在其中充填入半透明的釉彩【图220】。粉彩釉

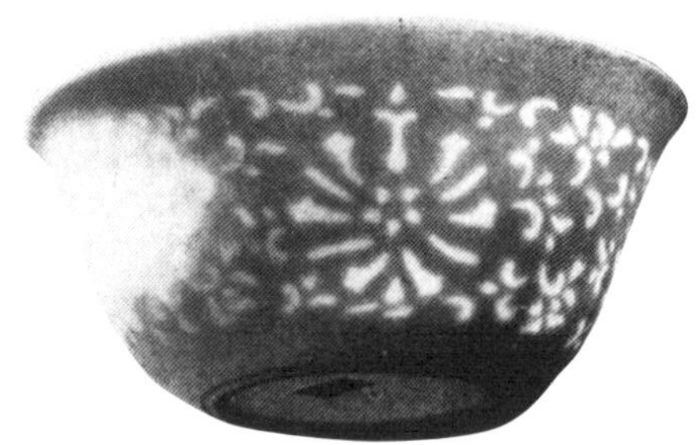

图220　清乾隆，白釉玲珑西番莲纹碗，无款，直径10.7厘米，大英博物馆收藏。

图221　清嘉庆，黄地彩绘开光花卉纹碗，“大清嘉庆年制”六字三行篆书款，直径17.8厘米，高6.8厘米，奥古斯特·沃拉斯顿爵士(Sir Augustus Wollaston Franks)捐赠，大英博物馆收藏。

图222　清道光，蓝地粉色轧道开光花卉纹碗，“大清道光年制”六字三行篆书款，直径15厘米，高6.6厘米，奥古斯特·沃拉斯顿爵士(Sir Augustus Wollaston Franks)捐赠，大英博物馆收藏。

图223　清道光，黄地粉彩轧道开光山水图碗，“大清道光年制”六字三行篆书款，直径14.7厘米，高6.3厘米，奥古斯特·沃拉斯顿爵士(Sir Augustus Wollaston Franks)捐赠，大英博物馆收藏。

图224　清咸丰，粉彩开光五谷丰登图碗，“大清咸丰年制”六字二行楷书款，直径20.32厘米，高7.4厘米，奥古斯特·沃拉斯顿爵士(Sir Augustus Wollaston Franks)捐赠，大英博物馆收藏。

图225　清同治，黄地粉彩开光双喜吉祥图碗，“大清同治年制”六字二行楷书款，直径12.2厘米，高6厘米，奥古斯特·沃拉斯顿爵士(Sir Augustus Wollaston Franks)捐赠，大英博物馆收藏。

色依然受欢迎，不过大有被矾红彩赶超的势头，而矾红与粉彩两种色彩并不和谐。新烧造的器型还有“大开光”瓷碗，这种碗的外壁有几块类似奖章形状的圆形留白，留白内大多描绘花卉、山水或人物图案，其他部分则在彩色色地上装饰花纹。这类器物有很多种色地，包括粉色、黄色、绿色、蓝色及薰衣草灰色等【图221，图222，图223，图224，图225】。古月轩瓷器的影响一直贯穿整个时期，到了20世纪依然有仿制。

图226　清乾隆，青花缠枝莲纹烛台，“乾隆年制”四字篆书款，高13.4厘米，曾属科尔斯(S. C. Coles)、索姆·詹宁斯(Soame Jenyns)收藏，于1995年10月30日，香港佳士得拍卖，编号781，成交价：8.05万港币。

另一大类器物是瓷质鼻烟壶，从乾隆朝开始就耗费大量精力制作这类器物。瓷质鼻烟壶大多经过雕凿，釉彩繁复精致。许多器物上都带有古月轩款识，就像同时期生产的玻璃质鼻烟壶一样。其他的则是素胎。这一类别中为数不少的乾隆时期青花鼻烟壶都是软质瓷胎，也有一些质量上乘的青花瓷器物【图226，图227】。道光时期烧造的鼻烟壶流行釉里红装饰。

从陶瓷角度来看，嘉庆朝（1796—1820）就是其父乾隆朝的延续。像乾隆皇帝一样，嘉庆皇帝也喜欢在瓷器上题刻自己的御制诗【图228】。嘉庆朝的瓷器几乎与乾隆后期的器物无异，如果没有年号款，很难将两者区分开来【图229，图230，图231】。《陶录》告诉我们，这一时期专业制作“碎器”的工匠会仿制汝、官、哥窑器物，每个窑口都有专门的仿制工匠【见图56】。龙泉和定窑仿品显然还是由专业工匠仿制，同时也有专长于制作“碎器”的工匠的参与。瓷器生产的质量并没有急速的恶化，但是随着时代的演进，到了19世纪中后期瓷器上的图案变得越来越敷衍和机械，胎体的质地也越来越差。与此同时，大开光瓷碗的烧造数量增多。[4]

到了道光朝（1821—1850），器物的胎体和釉层都明显变差。胎体变得粉白且轻薄，釉色有

图227 清乾隆，青花岁寒三友图盘，“大清乾隆年制”六字三行篆书款，直径17.8厘米，曾属索姆·詹宁斯(Soame Jenyns)收藏，后于1979年4月2日伦敦佳士得拍卖，编号49；1979年12月5-6日香港苏富比拍卖，编号688；1983年11月16日香港苏富比拍卖，编号514；2012年11月7日伦敦苏富比拍卖，编号78，成交价：1.5万英镑。

图228 清嘉庆二年(1797)，黄地粉彩御制诗海棠式茶盘，“大清嘉庆年制”六字三行篆书款，长15.5厘米，哈里·加纳爵士(Sir Harry M Garner)收藏。

图229 清乾隆或更晚，粉彩花鸟山水纹琮式瓶，无款，高29.5厘米，现定年为民国时期，曾为查尔斯·E·罗素(Charles E. Russell)旧藏，后于1946年6月26日伦敦苏富比拍卖，编号112；后属约翰·斯帕克及布鲁斯(R. C. Bruce)收藏，于1953年5月12日伦敦苏富比拍卖，编号136；之后由艾尔弗雷·贝特爵士(Alfred Beit)收藏，并于2013年11月6日伦敦苏富比拍卖，编号79，成交价：9.85万英镑。

图230　清道光，粉彩山水人物图盘，乾隆款，直径45.7厘米，背面脊线深。曾属斯帕克古董行(Messrs.Sparks)及坎里夫勋爵(Lord Cunliffe)收藏。

图231　19世纪或更晚，天蓝釉堆白月季纹石榴尊，“浩然堂”三字单行楷书款，高7.6厘米，现定年为18至19世纪，珀西瓦尔·蔡特·马努克(Percival Chater Manuk)与科尔斯小姐(G. M. Coles)遗赠，大英博物馆收藏。

图232　19世纪，内松石绿釉外墨地矾红描金云龙纹碗，成化款，直径7.8厘米，高5.3厘米，现定年为清嘉庆十三年(1808)，奥古斯特·沃拉斯顿爵士(Sir Augustus Wollaston Franks)捐赠，大英博物馆收藏。

种油质光泽和细纹棉布质感【图 232】。这一时期生产的粉彩、五彩瓷器上都使用矾红作为着色，而矾红自嘉庆朝开始就成为玫瑰粉色的主要呈色剂，在此时釉色已演变为紫红色。道光时期，斗彩器物又再度复兴。

道光朝对康熙青花和传统五彩瓷的仿制非常出色【图 233】。为了庆祝道光的女儿嫁给蒙古的王子，御窑厂专门定烧了一套瓷器，图 234 中的这件瓷碗就是其中一件，碗上还用蒙文题刻了王子的旗名。装饰了轧道纹样的单色釉器物依然流行，青花瓷器也受到偏爱。开始出现珊瑚红地的汤碗，中间留白处多以竹子或桃花图案装饰，也有装饰轧道背景的盖碗【图 235】。这种汤碗和大开光碗质量很精细【见图 198，图 221，图 222，图 223】。

道光皇帝有不少令人称道的好品质，但是和他的四位先祖比起来，他没有明确标榜自己是艺术赞助者。治理一个内忧外患的国家已经让他不堪重负，分心乏术。

道光之后即位的咸丰皇帝没有多少治国之才（1851—1861）。咸丰时期，国家陷入了严重的混乱。1851 年，整个华中地区因为太平军和清军的交锋而不得宁日。1853 年景德镇受到太平天国运动影响，整个地区的陶瓷业受到重创。景德镇的窑厂到了后一个皇帝（同治）继位的第三年，即 1864 年才开始重建。与此同时，1856 年第二次鸦片战争爆发，这样就可以理解为何咸丰年号款的瓷器并不常见，而且质量很差的原因【见图 224】。从咸丰朝开始，用红彩在器物底部书写年号款的做法不再为官窑厂所独有。

当同治三年（1864）御窑厂重建的时候，新任督陶官蔡锦青在御窑厂原址上建起 72 座厂房。《江西通志》中不仅记录了雍正朝瓷器烧造清单，也保存了一份 1864 年的烧造清单，这份清单为我们展现了同治朝初期宫廷定烧瓷器的情况。[5]清单包括了琢器和圆器两大类器物。一共列举了 55 件具体器物，其中 1-9 号属于第一类，9-55 号属于第二类。清单名为“供御的瓷瓶”。前三件器物是仿宋代器物，但是没有一件会被误认为宋代器物。对器物的描述也无法引起我的

图233　清道光，青花阿弥陀佛四字纹杯，道光款，直径6.1厘米，索姆·詹宁斯(Soame Jenyns)收藏。

图234　清道光，粉彩七珍八宝纹碗，“土默特右翼旗”蒙文双框款，此件属于为庆祝道光的孙女与土默特右翼旗的蒙古王子大婚特别定制的整套瓷器中的一件，直径16.7厘米，高6.8厘米，奥古斯特·沃拉斯顿爵士(Sir Augustus Wollaston Franks)捐赠，大英博物馆收藏。

图235　19世纪早期，白釉轧道红绿彩金玉满堂纹带盖茶碗，“嶰竹主人造”五字二行篆书款，直径11厘米，高6.35厘米，奥古斯特·沃拉斯顿爵士(Sir Augustus Wollaston Franks)捐赠，大英博物馆(The British Museum)收藏。

图236　清光绪，矾红墨彩款名茶壶，光绪款，高10.16厘米，直径16厘米，奥古斯特·沃拉斯顿爵士(Sir Augustus Wollaston Franks)捐赠，大英博物馆(The British Museum)收藏。

任何兴趣。[6]

同治瓷器的实物样品并不像这份清单上表现出来的这般令人振奋【见图225】。1862年到1878年间不断发生在云南、陕西、甘肃等地区的动乱动摇着朝廷的统治。欧洲列强也进一步加剧了对清王朝的入侵，很多地区也逐渐脱离了中央政府的控制。

如果《中国陶瓷史》的编撰者的观点可信的话，在这一时期一些御用瓷器也可能并不带有年号款。“清代瓷器中，有但书大清年制，不书朝号者，乃同、光时肃顺当国时所制之品也。时，肃顺势焰熏天，有非常之志，监督官窑者，恐旦夕之间，有改元易易朝事，故阙朝号以媚之，此亦瓷史上一段掌故，不可不知也。”

根据霍布森的说法：“收藏家们对清代最后两朝，光绪和宣统器物的最主要关心的，就是为了在收藏时排除它们。这并不困难，因为尽管这两朝的器物大多带有康熙或乾隆寄托款，但是其原料劣质，纹饰孱弱，与真品高下立见。”[7]【图236，图237，图238，图239】这一时

图237　清光绪，御制黄地墨彩藤枝花鸟纹碗，碗外壁横题“大雅斋”三字，旁有“天地一家春”印，底足款识“永庆长春”，直径17.8厘米，布兰达·扎拉·塞利格曼夫人(Mrs. Brenda Zara Seligman)收藏。

图238　袁世凯时期，粉彩人物图水盂，“居仁堂制”四字二行篆书款，高7.6厘米，布兰达·扎拉·塞利格曼夫人(Mrs. Brenda Zara Seligman)收藏。

图239　1927年，青花釉里红小盖盒，“中央精制”四字款，直径7.6厘米，1927年烧造于南京，布兰达·扎拉·塞利格曼夫人(Mrs. Brenda Zara Seligman)收藏。

期依然继续生产墨地五彩、素胎彩绘瓷、牛血红、桃花片和苹果绿等釉色的器物。谢雷兹 (Scherzer) 曾在 1882 年到访景德镇，不过他显然不同意霍布森对这两朝器物的全盘否定。他写道：“每件从御窑厂运走的器物都是严格按照宫廷中送来的样本制作的，我相信如果没有年号款，即使是最有经验的专家也得费点心思才能察觉出两件器物之间的微小区别，比如 100 年前烧造的黄地绿彩茄皮紫双龙纹盘和刚刚新鲜出炉的产品。”他提到了一位姓何的窑工，说他仿烧的牛血红“釉层整体过厚，釉色不均匀”。在光绪朝，实际掌权者皇太后慈禧对御窑厂的陶瓷烧造工作有点兴趣，还从宫中调拨了一些乾隆朝的器物要求御窑厂仿烧【见图 237】。宣统朝没有任何值得记录的陶瓷复兴活动。

宣统皇帝在 1912 年被迫退位，封建统治至此终结，民国建立，到 1916 年袁世凯企图推翻民国，复辟封建帝制。他任命前任御窑厂督陶官郭世五（郭葆昌，字世五）为自己烧造瓷瓶[8]，这些瓷瓶以黑、灰、红釉，描绘了类似古月轩风格，但笔势略弱的山水图样，题刻“洪宪年制”款识，洪宪是他为自己的新王朝取的年号。他还订烧了“百花不落地”风格的小瓷盒，刻“居仁堂制”款，仅在居仁堂使用【见图 238】。这一时期还烧造了一些釉彩极为精致的镂空瓷灯笼。

袁世凯时期的器物大多是古月轩风格的。在这最后的一点闪光中，御窑厂也最终走向了终点。

最后一个记录景德镇的欧洲人是白兰士顿，他在 1937 年时见证了这些窑场的境况。[9]

民国时期的中国陶瓷艺人并没有丢失他们的

手艺，兼具传统技艺、精妙的感知力和浑然天成的好品位【见图 239】[10]，极有欺骗性的高仿品依然不断涌现便是他们技艺的证明。很多民窑制品在地方市镇售卖，满足普罗大众的日常生活所需，尽管器物的胎质粗劣，但是其绘画纹饰常常令人爱慕，表现出勃勃生机。此时中国陶瓷业缺乏的是一个统一的机构，来代替之前皇家赞助的地位。

不幸的是，新的危机已露端倪。在二战以前，中国就出现了进口日本低价陶器的趋势。此时又转变为从欧洲进口塑料碗。这些塑料碗价格低廉，质地轻薄，而且相对更耐用，给中国陶瓷业带来新的问题。

---

〔1〕Bushell, *Oriental Ceramic Art*, p. 279.

〔2〕可能秦勇均接替唐英担任九江关榷使，而刘伴阮成为景德镇御窑厂的驻地督陶官，但是这纯粹是一种猜测。译者注：刘伴阮（刘源）实际为康熙年间的督陶官。

〔3〕在1765年乾隆下令定制一批铜胎画珐琅器物以纪念他远征准噶尔和西北战争的胜利。这些器物按照郎世宁、王致诚、艾蒙略（sichelbart）和达马森（damascene）等人的画作来制作，在科钦（cochin）的督造下在巴黎进行雕刻。之后中国的艺术家又沿用了同样的风格制作这类器物，描绘了中国获胜的多次战争。

〔4〕大多数这类器物带有嘉庆或道光年号款。

〔5〕出自《江西通志》。

〔6〕同治订烧瓷器清单被完整记录在Bushell, *Oriental Ceramic Art*, pp. 471-483.

〔7〕R. L. Hobson, *The Later Ceramic Wares of China*, p. 93.

〔8〕我相信他还健在。

〔9〕在他1938年出版的《明初官窑考》一书中，他专门用一章的篇幅介绍了景德镇和窑场的情况。

〔10〕W. B. Honey, *The Ceramic Art of China and other countries of the Far East*, p. 156.

第七章 民窑瓷器

中国各地民窑生产的瓷器数量必定十分巨大。各地交通不畅的现实使得每个地区都需要烧造本地生产生活所需的屋瓦、储物罐和炊具。但是除非这些本地制陶业位于交通要道或者靠近港口，或因品质好，装饰美观而闻名，不然这些陶瓷品不太可能在本地市场以外的地方售卖，因为交通运输的成本过于昂贵。大多数当地的窑场都以烧造陶器为主，宜兴的紫砂陶茶壶就是一个著名的实例。其他地区如广东的石湾窑还生产炻器，但是生产瓷器的地方窑场凤毛麟角，且产品的品质不高[1]，尽管有些粗劣的民窑瓷器装饰图案丰富多样，富有吸引力。目前对于清代民窑窑场的生产状况，几乎一无所知。由中国方面的专家编纂的民窑窑场名单中，从没有尝试过按陶器、炻器和瓷器来区分这些窑口的产品，而且还收入了不少早已消失、疑点重重或者仅有文学价值的窑场。17 世纪末出版的《天工开物》一书中就有这样一份名单，列举了当时的制瓷窑场，这些内容被之后的《康熙辞典》收录。很难评估其可靠程度，但是卜士礼使用过这份名单，霍布森也认可，并引用过。书中指出当时制瓷所用的“白土”仅产于全国五到六处地方。这一段文字是这样写的：

“凡白土曰垩土，为陶家精美器用。中国出惟五六处，北则真定定州、平凉华亭、太原平定、开封禹州，南则泉郡德化、徽郡婺源、祁门。德化窑惟以烧造瓷仙、精巧人物、玩器，不适实用；真、开等郡瓷窑所出，色或黄滞无宝光，合并数郡不敌江西饶郡产。浙省处州丽水、龙泉两邑，烧造过釉杯碗，青黑如漆，名曰处窑……若夫中华四裔驰名猎取者，皆饶郡浮梁景德镇之产也。此镇从古及今为烧器地，然不产白土。”[2]

小山富士夫列出了多达 45 处清代窑址[3]；《中国陶瓷史》一书中也提供了一份清代尚在烧造瓷器的窑址名单[4]。这份名单按窑场的大小分为两大类，在“大窑场”名下列出了以下几处窑场：

景德镇

广东佛山

山东博山

江苏宜兴

福建德化

其中我们知道佛山主要烧造仿钧窑釉色的低温瓷器以及人物塑像，宜兴擅长烧造紫砂茶壶及其他类似的低温陶器，而德化以白瓷著名。目前已经确认博山窑的产品是白釉陶器。这份名单的后面是一长串小窑场名单[5]。

这份名单并非完全准确，比如石湾窑，在佛山附近，离广州不远，就在不同的名目下重复记录了两次。这份名单并没有记录诸如清代福建一省窑场数量这样的信息[6]。不过它还是举例描述了民窑出产的瓷器。几乎所有的小窑场可能都只生产陶器。

《陶录》提到昌南窑（未给出明确区位）烧造定窑的新器物[7]，而龙泉窑会烧造仿官窑器物。书中还记录开封府的窑场仿烧东窑，而河南钧州依然烧造钧窑器物。彼时（1815）还在烧造的窑场包括：河南的怀庆窑、宜阳窑、登封窑、陕州窑，山东省兖州府的兖州窑，山西太原府的平定窑。但是该书中没有描述上述诸窑口的器物。[8]

从《天工开物》的描述中可以看到宋代著名的定窑可能在清代依然存在，尽管它们此时已经不再重要。卜士礼认为定窑在明代末期已经停烧，当时景德镇的工匠周丹泉仿烧的定窑四足香炉，开片精美，釉色呈象牙白色，因其高超的仿制技艺震惊了时人。有清一朝，粉定器物似乎都是在景德镇仿制的。雍正朝的御瓷清单里也提到了。另一方面，很可能粗糙的土定器（清单中特别指出在雍正朝并没有仿制过此类产品）在 18 世纪的定州继续生产，因为定窑后期的产品被描述为釉色泛黄且干涩。

霍布森在 1915 年所写的文章中提到，他没有获得有关华亭窑、平定窑和汝州窑陶瓷产品的任何信息。如今这些信息依然是缺乏的。另外两个地方[9]，婺源县和祁门县，位于安徽，为景德镇的窑场提供了制瓷的原料。

丽水地区的处州窑，根据《天工开物》的记载，似乎是在青瓷釉面上再加彩烧造，其真实性还需进一步调查研究。当乾隆皇帝 1780 年南巡来到浙江，据说当地官员敬呈了《太平欢乐图》供其御览，这是一套以连环画形式描绘当地名产、风土的图书，书中有这样一段文字："浙江乍浦近亦能烧造瓶、盂、杯、碗之属，瓷白花青，渐与饶窑相坪矣。"[10]可惜的是，乍浦窑的产品目前还无法确认[11]【图 240，图 241】。

根据领事报告的记载，浙江省的宁波在 20 世纪 20 年代依然出口瓷器，但是不确定这些瓷器的产地——很可能是在德化。长江边的港口九江、芜湖和南京是景德镇瓷器的重要运输港口，但是领事报告中也提到了湖南长沙[12]，称其是精美瓷器的集散中心，这似乎也表明了湖南存在一套完整的陶瓷业生产体系[13]。

至于福建的陶瓷业，德化从以前到现在一直都是最重要的窑口。福建省无疑是大量我们目前无法确认的民窑器物的产地，除了一部分外销瓷被认为是安南（越南的古称）生产的，其生产窑场有待进一步调查。已故的马尔科姆·法莱（Malcolm Farley）曾常年居住在福建，他调查了距离厦门不远的漳州的一些窑址，也走访过德化，他声称自己有证据表明福建早在宋代就不仅仅烧造建窑茶碗，还烧造影青、青花、乳白色器物以及红绿彩瓷。他认为被称为"南定"的

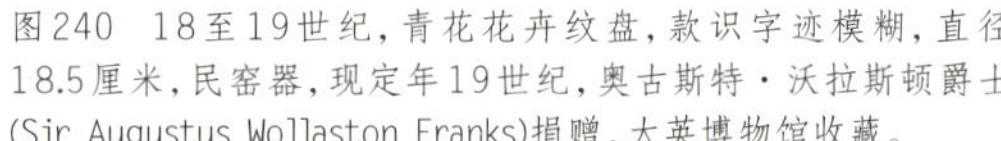

图240　18至19世纪，青花花卉纹盘，款识字迹模糊，直径18.5厘米，民窑器，现定年19世纪，奥古斯特·沃拉斯顿爵士(Sir Augustus Wollaston Franks)捐赠，大英博物馆收藏。

图241　18至19世纪，青花三多寿字纹碗，“月”字款，直径17.3厘米，民窑器，1915年购自S.M.Franck & Son，大英博物馆收藏。

器物在福建省内以及与安徽的交界处都有烧造。许多这类器物烧造于明清时期，但是辨别起来相当困难。事实上，福建可能正是彩瓷技艺的发源地。[14]

《泉州府志》（泉州是中古时代中国知名的港口城市）中就提到了晋江磁灶地区生产瓷器；还提到安溪地区的其他三个窑场生产白瓷，质量次于饶州府。同样的，《邵武府志》（邵武位于福建省东北部，紧靠浙江）也提到这些地区生产的白瓷，其中安平的泰宁窑场的产品品质最佳（其他有邵武青云窑，建宁的兰溪窑），但是这些窑场的产品都远不及饶州器。[15]

温州地区早在晋朝就已经有陶瓷器生产，以“东瓯窑”的碗闻名。大英博物馆就收藏有两件温州地区生产的器物，一件是香炉，刻画了一位寿星端坐牛背的图案，入藏时以锦盒包装，标签写明“温州器”。第二件是瓷瓶，用灰蓝色釉彩混合描绘了花卉、水果、标志及昆虫图案，器物底部有“福藩制造”四字款[16]。霍布森将之解读为“在福建边界地带制造”或“为福建的藩王制造”。

汕头和潮州府之间的凤溪（此地有高岭土及普通瓷土的窑床）的制瓷窑场并不知名。一份早年的领事报告这样描述该地生产的器物：“生产各类陶瓷器，从普通的陶器到打磨精细的釉彩瓷、茶酒杯、碗、盘、碟、紫砂器物、用在窗户上的镂雕瓷板，还有可装载100—150升水的大件瓷罐及粗瓷。”这里会是16世纪广泛分布在印度、马来群岛和近东地区，被称为“汕头器”的产地吗？这些器物到底在哪里生产的，依然需要再思考；日本学者认为其产地是在福建的石码。

“盘、碗、酒杯、酱油碟、勺、储物罐、酒瓶等这些日用器一直都是厦门与中南半岛、东

图242 17至18世纪，青花折枝花卉纹四系瓶，无款，高12厘米，民窑器物，很可能为福建窑口制作，大英博物馆收藏。

印度群岛之间贸易的主要商品。石码及附近一些地区可能是供货地，同时我们还得调查一下汕头和厦门的窑场，追寻大部分质地粗劣的仿古青花器、彩瓷器的源头，如今在东南亚经常能捡到这些器物的残片，常被认为是古董。”[17]这种材质非常难断代，但是尽管其中一些器物是明代制造的，但大部分器物肯定是17世纪晚期、18世纪或者更晚时候生产的【图242】。

相比较而言，厦门北边75英里处的德化生产的器物就很容易辨别。这就是法国人口中的“blanc de Chine”（中国白）。《陶录》中记载这里的窑场在明代就开始烧造瓷器了，他们烧造的白瓷弥勒佛像和观音像闻名全国。但是，并不是所有人都认可此地的窑场可以早至明代早期，霍布森就认为德化窑器物上偶尔出现的成化和宣德年号款皆为寄托款，尽管大多数中国古董商都认可《陶录》的记载[18]。至于器物上的万历年号款，尽管也不普遍，霍布森认为就可靠多了。大英博物馆藏有一件纪年为1511年的碗或研钵，和一件纪年为1610年的财神像。

威尼斯的那件瓷碗，一度被认为是马可·波罗在1292年从刺桐港（泉州）带回来的，因此闻名于世，不过现在已经没有人相信了。还有那件被当作日本12世纪的英雄人物源义经用过的短笛也并不可信。而曾经收藏于德累斯顿的，带有宝石装饰的瓷盘，据说是12世纪由一位十字军战士从叙利亚带回来的，也完全不是福建窑口的产品。[19]

几百年来，制瓷原料的性质似乎没什么变化。即使是霍布森也承认福建窑口生产的器物的定年问题是中国陶瓷研究中的终极难题之一。大部分销往欧洲的瓷器无疑是康熙朝及之后各朝生产的。德累斯顿收藏中的瓷器很可能是最可靠的指导。到了18世纪，这些瓷器分散到欧洲各处，不再那么珍贵了，许多成为了法国、英国和德国陶瓷工厂的生产模型。

销往欧洲的器物质量高低参差不齐，色彩种类多样。这些产品既有模制粗糙，打磨随意，头部可以拆分的人物瓷塑像；也有打磨精细，手指纤细，穿着精美光滑的华服，上面有精心雕琢的衣褶的塑像【见图2】。很多这类精工细作的器物的年代比通常认为的要晚。器物上的颜色从暗淡的粉白到沉静的浅蓝色、“脱脂牛奶”色泽，还包括了各种深浅不同的黄色调和浅粉白色，但是这些色彩上的差异不足以帮助我们建立起鉴别器物年代的标准。

图243　18世纪，德化窑红绿彩花卉纹杯，高7.6厘米，德化烧造并上彩，大英博物馆收藏。

图244　17至18世纪，德化窑青花高士图瓶，无款，高24厘米，索姆·詹宁斯(Soame Jenyns)收藏。

这些福建生产的瓷器很可能是制瓷史上胎釉结合得最完美的作品。“最极致的器物散发出明亮而温暖的白色光泽，颗粒如此精细给人一种透明的脂肪凝冻或牛奶冻的视觉效果；表面的玻璃质厚釉融入胎体之中。”[20]但是《陶录》的作者抱怨这种釉层尽管莹润有光泽，但太厚了。霍布森说：“这种玻璃质透明的釉层看起来柔软，如牛奶一般，常被比作奶白冻。胎体和釉层融为一体，很难说哪部分是胎，哪里是釉。”[21]

殷弘绪认为德化瓷器从来不在中国国内上色，这个观点是不正确的。而霍尼先生似乎也认为所有装饰瓷器都是运到欧洲后再在白釉上加彩描绘的[22]。

很大一部分德化瓷器，主要是小杯，无疑是进口后用这样的方式装饰的，通常是在荷兰进行彩绘。但是毫无疑问的是，也有一些器物是在中国进行红绿彩绘的【图243】，这些红绿彩器物有时也会加上黄色和紫色彩料装饰。杜克斯（Dukes）在1880年探访了这些窑场，他提到孩子们坐在空地上在瓷杯上画画，1877年出版的《礼塔龛考古偶编》一书中讲到该窑场时是这样写的：“色白如玉，滋润莹厚，略带红色，坯骨重者为上，紫色黑色者次之，五彩者又次之。”这话说得很对。还有一些器物是用釉下蓝彩装饰的【图244，图245】。一些香炉，器身罩着一层深色润泽的棕色釉，被法莱（Farley）称为“红福建”。这类器物很可能是仿青铜器烧造的。还有一部分依然主要是人物塑像，以红漆装饰或器身以黑地描金，这道工序很可能是在中国完成的，但是大多数这类器物并没有加彩。

在 17 世纪晚期和 18 世纪早期的外销瓷中，有很多欧洲造型，比如模仿英国银器制作的平把碗，对应的银器可以定年到 1675 年，还有模仿 17 世纪德国和英国低温瓷器制作的马克杯和大啤酒杯【图 246，图 247】。除了明代德化窑著名的佛像、观音和关帝像，还有达摩像以及道教众仙，还包括以戏谑的手法塑造的外国人像。慈悲女神观音的塑像数量多，且种类丰富，品质精美。这一现象并不令人意外，因为她的道场就在距离宁波不远的普陀山上。她可以被塑造成海洋女神，站在一条鱼上，这种形式的观音像受到福建沿海地区的朝拜供奉；她也是生育女神，这一形象的她怀抱婴孩；同时她还是慈悲女神，手持柳条，将净瓶中的甘露琼浆播散到这个苦难的世界。德化窑另一种常见产品是瓷狮子像，基座上雕塑着玩绣球的狮子，旁边还有一个插香孔以供佛前安放。狮口大张，露出锋利的牙齿，卷曲的鬃毛也经过细致的塑造。在国内市场销售的产品包括茶壶、香瓶，还有仿照犀角杯制作的白瓷酒杯。瓷瓶常贴塑模制的折枝桃花或龙纹作为装饰【图 248】，配以开光【图 249】或题刻装饰，常常是行书诗文。清早期的瓷杯或祭酒碗器身边缘常见回纹、螺纹或万字纹装饰。

在一些 18 世纪的德化窑器物上也会出现陶工的名款，通常是印章形式，和地名、纪年款一样，这些名款通常因为釉层太厚而变得模糊不清，难以分辨。但是一些陶工的名字，如何朝宗和来观（何朝宗又名“来观”）还是可以辨认出来，尽管现在对于他们的生平还一无所知。

德化窑完整的历史还有待考察。布林克利相

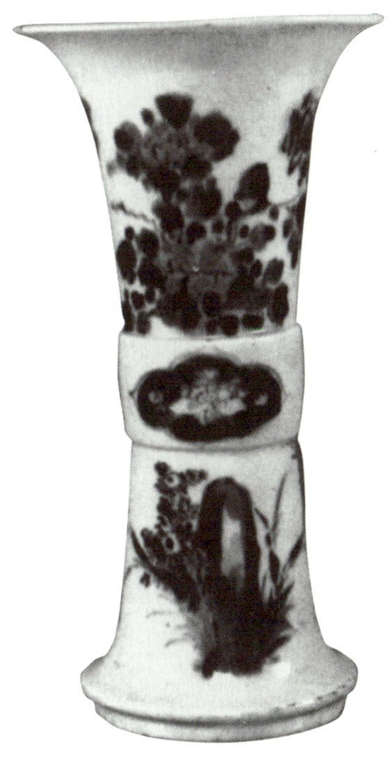

图245　17至18世纪，青花山石花卉纹花觚，无款识，高27.4厘米，底足有粘砂，很可能是汕头附近窑口制作，索姆·詹宁斯(Soame Jenyns)收藏。

图246　18世纪，德化窑白釉欧式马克杯，高9.4厘米，宽10.4厘米(带手柄)，现定年为1701-1750年左右，奥古斯特·沃拉斯顿爵士(Sir Augustus Wollaston Franks)捐赠，大英博物馆收藏。

图247　18世纪，德化窑白釉欧式马克杯，高8.9厘米，宽10.4厘米(带手柄)，现定年为1701-1750年左右，奥古斯特·沃拉斯顿爵士(Sir Augustus Wollaston Franks)捐赠，大英博物馆收藏。

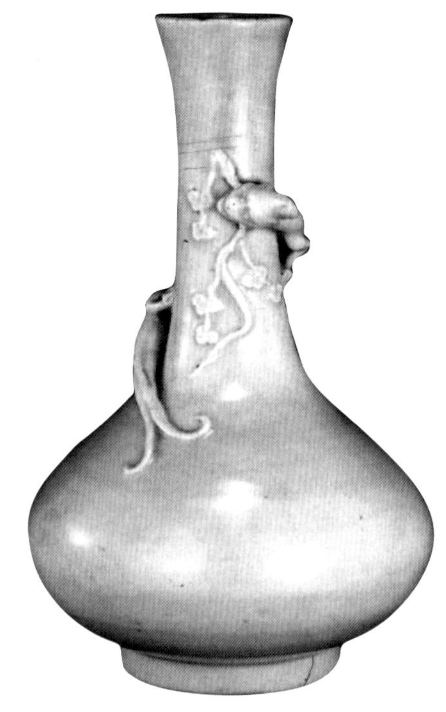

图248　17至18世纪，德化窑白釉贴塑螭龙瓶，无款。高20.5厘米，直径12.4厘米，现定年17世纪，奥古斯特·沃拉斯顿爵士(Sir Augustus Wollaston Franks)捐赠，大英博物馆收藏。

图249　17至18世纪，德化窑贴塑开光人物图提梁壶，高21厘米。现定年清1651-1700年左右，奥古斯特·沃拉斯顿爵士(Sir Augustus Wollaston Franks)捐赠，大英博物馆收藏。

信："它创烧于1400年前后，从明代早期一直延续到18世纪后半叶，其中似乎停产断烧了一阵子，到明代晚期又重新开窑。"对于这一论断他没有给出任何文献依据，只是接着说："如今出现了大量仿品，用欺骗的手段售卖给那些不太小心的收藏家。但是即使是外行，只要他能记得象牙白真品迎着光看永远都是通体透明的，而现代仿品则很难做到，记得这一点，那么就不会那么容易上当受骗。"[23]

在外销瓷市场，德化窑一度是景德镇危险的对手，这一点已经没有太多争议了。唐英和殷弘绪（写于1712年）都告诉过我们一部分景德镇陶工将自己的作坊迁往福建，期望通过厦门的外销瓷贸易获得更多利润，但是这些尝试似乎并没有成功。

〔1〕德化是一个例外。

〔2〕Bushell, *Oriental Ceramic Art*, p. 622.

〔3〕小山富士夫（Fujio Koyama），《古代中国瓷器的故事》（*The Story of old Chinese Ceramics*），东京，1949。

〔4〕吴仁敬、辛安潮，《中国陶瓷史》，商务印书馆，1937年。

〔5〕I. 陕西：(a)景村镇窑；(b)陈炉窑

II . 湖北：武清窑

III. 山西：大谷窑

IV. 甘肃：陇山窑

V. 四川：成都窑（这肯定包含了好几个民窑窑址）

VI. 河南：(a) 彭城窑；(b) 陕州窑；(c) 汝宁窑；(d) 怀宁窑；(e) 宜阳窑；(f) 登封窑

VII.湖南：(a) 龙山窑；(b)醴陵

VIII.安徽：(a)祁门；(b)白土窑；(c) 肃窑

IX. 江苏：(a)欧窑；(b)鼎山窑；(c) 蜀山窑；(d) 象山窑

X. 山东 ：(a)淄川窑；(b) 临青窑；(c)兖州窑；(d) 峄窑；(e) 邹窑

XI. 福建：(a) 石码窑；(b)厦门窑；(c) 同安窑；(d) 安庆窑

XII.广东：(a) 钦州窑；(b)潮州窑；(c)石湾窑

XIII. 江西：(a)横峰窑；(b)邵武窑；(c) 泰窑

〔6〕赫伯特·英格拉姆爵士（Sir Herbert Ingram）收藏了一幅日本绘制的窑址图，该图试图标识出唐、宋及明代的窑址分布，共记载了90座窑址，不过它依然是不完整的。清代的民窑窑址甚至无人问津，且甚少研究。

〔7〕《景德镇陶录》卷六：“昌南窑，仿定器，用青田石粉为骨，质粗理松，亦曰‘粉定’。”

〔8〕《景德镇陶录》卷七。

〔9〕似乎找不到关于他们为本地市场生产的产品的相关记录，可能有一些“南定”类的器物。

〔10〕Bushell, *Oriental Ceramic Art*, p. 624.

〔11〕但是它可能类似图240盘子。同一页上的碗（图241）似乎更早一点。

〔12〕位于汉口附近的长江支流上。

〔13〕R. L. Hobson, *Later Ceramic Wares of China*, p. 113.

〔14〕这件神秘的瓷碗，曾经是温克沃斯（Winkworth）的旧藏，现在属于大维德爵士的藏品（《大维德藏品图录》图版XXX），器身通体以厚重的绿、红、棕黄和松石蓝彩装饰，并带有宣德天干地支款，定年在1433，这件器物可能也是民窑的产品。器身装饰有折枝花鸟，碗外壁两枝，内壁一枝。这件器物的窑口很难确定。会不会是汕头器中品质超拔的产品呢？景德镇的很多窑工似乎就是从福建招募的。

〔15〕R. L. Hobson, *Wares of the Ming Dynasty*, p. 177.

〔16〕拜伦·奥扎齐（Baron Ozaki）认为这是万历皇帝第三子的儿子，即万历之孙所用的年号。万历的第三子在1601年被封为福王，1640年被杀。其子1643年继承王位，并于1644年成为南明朝廷的皇帝；他几个月后也被刺杀身亡。

〔17〕R. L. Hobson, *Later Ceramic Wares of China*, p. 111.

〔18〕R. L. Hobson, *Later Ceramic Wares of China*, p. 117.

〔19〕“由于那些看起来年代最早的德化窑器物表现出材质与工艺的高度完美，而这种完美无缺必然是经过了一段漫长的试验期才可以达到，这使得寻找真正的早期德化窑器物变得越来越有必要。能被称为德化白瓷原型的器物本来就不多，其中还有不少被确定为年代较晚的后期产品……年号明显从没有使用过，或者因为被厚釉覆盖而不容易看见。研究者试图寻找一些标准来对这些属于17-19世纪的器物定年，但是这些尝试都失败了。”出自W. B. Honey, *The Ceramic Art of China and other countries of the Far East*, p. 133.

〔20〕W. B. Honey, *The Ceramic Art of China and other countries of the Far East*, p. 133.

〔21〕R. L. Hobson, *Wares of the Ming Dynasty*, p. 174.

〔22〕W. B. Honey, *The Ceramic Art of China and other countries of the Far East*, p. 135.

〔23〕此论断是否有价值依然存疑。器体的厚实度可能是一个更可靠的判断标准。

附录一　古月轩

用“古月轩”这个名称来指代一类品质极为精良的御用瓷器可能是不太恰当的。“古月轩”也包括了一大类玻璃和陶瓷小件器，主要是鼻烟壶，内刻“古月轩”三字，但是质量不及御用瓷器，年代也更晚【图250】。杨啸谷先生对此有专门的研究[1]，他在著作中写到陈列在乾清宫中的御用古月轩瓷器，平时收藏在北京端凝殿北小库中，这些器物上以前的标签为“瓷胎画珐琅”[2]，这个名称可能才是描述这类器物的准确术语。

“至此类彩瓷，虽端于康熙二十年后，臧应选督造之时。器之彩色绘画款式，悉照康熙卸制铜胎珐琅。宫中档册则书瓷胎画珐琅，乾隆八年后改书瓷胎洋彩。雍正六年以后乾隆十八年以前唐英督造时，此类彩器益加精进。沿用其法而加以运化，变板滞为生动。更多以我国赭墨等色，补所不足。彩色衬托益觉鲜明。英卒后遂成绝响矣。”[3]

最顶级的古月轩[4]瓷器非常罕见，价格昂贵，显然是宫廷御用器。杨啸谷先生在他极为详尽的研究中列出了他所知的103件器物，其中的50件收藏在故宫。他认为，欧美收藏品中只有不到20件真品，而日本则不超过6件。这类瓷器似乎尺寸和器型都有规定，包括高度不超过6、7英寸的小瓶、碗、盘、水丞，以及直径5、6英寸的小碗。根据《饮流斋说瓷》的记载，它们是清代瓷器中最精致的作品，而且有着令人惊叹的价格[5]。“古月轩彩为有清一代最珍贵之品，价值奇巨，而同时仿者，值亦相等也……当时所制不多，同时即须饬即仿制，故仿古月轩彩者亦系乾隆之物，制价略与之相埒。若直书制‘古月轩’三字者，乃属后来伪制……堆料款之器始于康熙末年，终于嘉庆初年。”根据《陶雅》的记载，康熙末年烧造的器物“康窑色釉夹彩

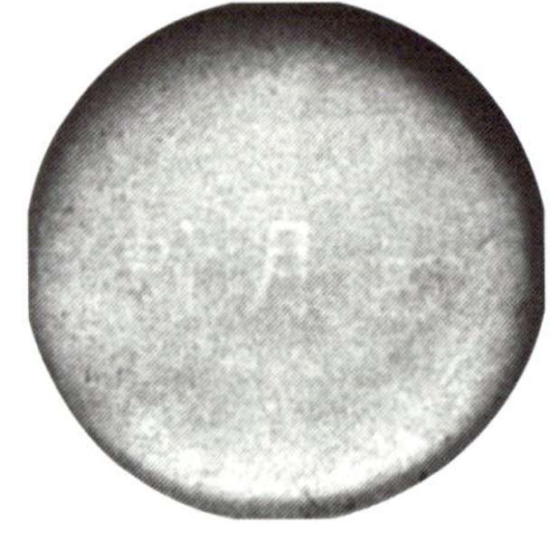

图250　18世纪，古月轩式白料胎粉彩梅花水盂，直径7厘米，“古月轩”描红款，器身以棕彩和粉彩装饰，蓝料彩点缀肩部，现定年为20世纪，曾属查尔斯·E·罗素(Charles E. Russell)旧藏，并于1946年6月25日伦敦拍卖，编号95；后于1988年11月15日香港苏富比拍卖，编号74，成交价：11万港币。

图251　清康熙，蓝地珐琅彩“万寿长春”碗，“康熙御制”四字红料楷书款，直径15厘米，高7.7厘米，现定年为清康熙年间，疑早期古月轩器物，雷金纳德·雷德克里夫·科里(Reginald Radcliffe Cory)遗赠，大英博物馆收藏。

图253　清康熙，宝石红地珐琅彩牡丹纹碗，“康熙御制”四字蓝料楷书款，高6.8厘米，口径15.2厘米，足径5.4厘米，台北故宫博物院收藏。

图252　清康熙，胭脂红地珐琅彩牡丹纹碗，“康熙御制”淡紫料楷书款，直径11厘米，台北故宫博物院收藏。

者多系黄地，或作番莲四朵，甚且花朵中分嵌篆字，颇皆有可议”【图251】。这些产品完全不同于雍正和乾隆时期装饰优雅精致、简洁疏淡的器物。这一类型的产品还包括图252、图253列出的两只瓷碗。

乾隆时期最精致的产品胎体纯白、光滑哑光、质地紧致，外部有光泽，类似经过精细打磨的玉器的包浆。装饰图案的水准与胎体质地一样精美，绝不繁复。这种精细和节制正是传统中国审美品位的特色，其中也有一些装饰欧洲主题纹饰和花鸟纹样，比较少出现山水，偶尔也会出现人物[6]。在杨啸谷先生列举的123件器物中，其中99件装饰花卉题材【图254，图255，图256，图257】，21件鸟禽主题【图258，图259，图260，图261】，15件山水主题【图262】，只有3件是人物主题纹饰【图263】。[7]

最精美的器物都会题写诗歌，一般都是御制诗，用黑彩模仿书法的效果，并在诗歌前或后面加盖红色印章，旁边绘制一到两枚闲章。这些印章一般不太可能是画家的名款或笔名，因为

图254　清乾隆，珐琅彩牡丹诗文双环耳小玉壶春瓶，“乾隆年制”四字二行蓝料楷书款，高9.8厘米，直径5.5厘米，古月轩风格，诗文上下红料钤印“佳丽”“四时”“长春”三印，大英博物馆收藏。

图255　清乾隆，珐琅彩花草纹胆式瓶，“乾隆年制”四字二行蓝料楷书款，高14.4厘米，古月轩风格，瓶身一面墨书题诗句：“朝朝笼丽月，岁岁占长春。”诗文上下朱红钤印“佳丽”“四时”“长春”三印，霍布森(R. L. Hobson)于1934年记录：此件原属希皮斯利(Hippisley)收藏，编号336，现为大英博物馆收藏。

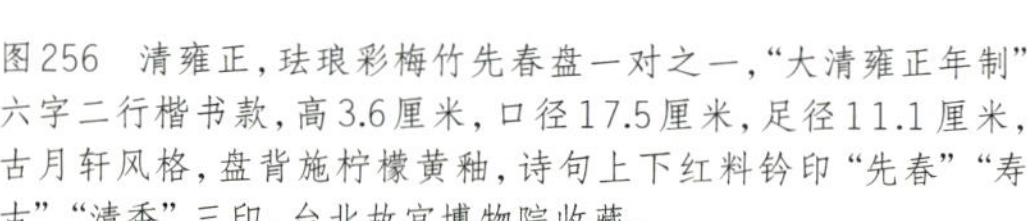

图256　清雍正，珐琅彩梅竹先春盘一对之一，“大清雍正年制”六字二行楷书款，高3.6厘米，口径17.5厘米，足径11.1厘米，古月轩风格，盘背施柠檬黄釉，诗句上下红料钤印“先春”“寿古”“清香”三印，台北故宫博物院收藏。

图257　清乾隆，珐琅彩玉兰花诗文盘，“乾隆年制”四字二行蓝料楷书款，直径14.3厘米，高3.2厘米，古月轩风格，背面施绿釉绘锦纹地，盘空白处墨彩诗文：“影转团团月，香含细细风。”上下红料钤印“佳丽”“霞”“映”三印，大英博物馆收藏。

图259　清乾隆，珐琅彩花鸟诗文图蒜头瓶，“乾隆年制”四字二行蓝料楷书款，古月轩风格，瓶身落“长春”红料印章，高17.8厘米，法国吉美博物馆收藏。

图258　清乾隆，珐琅绘花鸟纹胆瓶，古月轩风格，收藏者及尺寸体量不详，曾属布鲁特古董行(Messrs. Bluett)。

图260　清雍正，珐琅彩花鸟诗文碗，四字二行蓝料楷书款，直径8.3厘米，古月轩风格，碗空白处题记诗歌及三个书房印款，曾为罗素(Russell)收藏，现为台湾鸿禧美术馆收藏。

图261　清乾隆，粉彩竹梅双喜酒杯，“梅花馆制”四字二行蓝彩篆书堂名款，高6厘米，口径9厘米，古月轩风格，现定年为清嘉庆时期，曾属查尔斯·E·罗素(Charles E. Russell)旧藏，并于1946年6月25日伦敦拍卖，编号94(一对之一)；后于1988年11月15日香港苏富比拍卖，编号41，成交价：5.72万港币。

图262　清乾隆，红料珐琅彩山水楼阁图盘，“乾隆年制”四字蓝料楷书款，高4.1厘米，口径17.2厘米，足径11厘米，背面施宝石红色釉，古月轩风格，台北故宫博物院收藏。

引用御制诗时，出于尊敬是不能使用御用章的，这些印章可能就是一种安全、无伤大雅的替代物。这些器物上的印章种类多种多样，文字内容通常带有恰当的含义，但是同一内容常常反复出现。大维德藏品中有一件古月轩小瓷瓶[8]，瓶身上描绘了兰草和野玫瑰，并题写了一首诗歌，诗前面镌刻一枚章，名“佳丽”，诗后面又印“四时”和“长春”两方印章，器物底足有浅蓝色乾隆年号款。

大维德藏品中还有一件以木兰花和桃实装饰的小碟[9]，器物上也题写了一首诗：“影转团

图263　清乾隆，珐琅彩母子图诗文蒜头瓶，“乾隆年制”四字二行蓝料楷书款，古月轩风格，高17.8厘米，山中商会(Messrs Yamanaka)旧藏，美国弗利尔美术馆收藏。

图264　清雍正，墨彩花卉半脱胎瓷碟，底足中心落青花花押款，直径15.2厘米。帕尔默(R. H. R. Palmer)收藏。

图265　清雍正，墨彩花卉半脱胎瓷碟，底足中心落青花花押款，直径15.2厘米。帕尔默(R. H. R. Palmer)收藏。

团月，香含细细风。”诗的前方依然有一方“佳丽”铭的印章，诗后面印“霞”“映”两章。这件器物底部也有浅蓝彩乾隆年号款。该碟上的这首诗也出现在故宫收藏的一件雍正朝的古月风格小碟上。大维德爵士藏品中还有两件瓷碗[10]，器身用墨彩精致地描绘了盛开的梅花，用同样的笔法题写了同一首更长的诗歌——“月幌见疎影，墨池闻暗香”，可与图264、图265比较[11]。诗歌前面有一方印章“先春”，后面两方印章 “月古”和“香清”。这两只瓷碗的底部都有蓝釉雍正年号款。其胎体、器型和纹饰都是最高级别的，题诗和印章的内容都经过精心选择，它们必定是御用器物。

大维德藏品中还有三件古月轩风格的小瓶[12]（其中的两件是一对），都题写诗歌，并加绘印章，纹饰为花鸟、竹石题材。但是每首诗只印两枚章，单独的那只瓷瓶上印“佳丽”“长春”两方章。对瓶上则是“高志”和“秋士”两方章。图录的后一页展示了一件彩绘玻璃瓶[13]，瓶身上题写一首诗及“佳丽”章，诗后印两枚章“四季”和“长春”。这些瓶子都带乾隆年号款，三件瓷器上是堆料蓝款，而玻璃器上是刻款。

曾经有研究者试图将古月轩瓷器上的印章内容作为绘画者的雅号，但是这些文字由成对的骈文短语构成，词句之间形成平行结构，似乎不太可能是绘画者的名号。《匋雅》记载：“料款之盘碗有题句，上下有胭脂印章三，雍窑曰‘月古’，曰‘香清’，乾窑曰‘金成’，曰‘彤映’，皆方印也。在题句之下，其引首长方曰‘佳丽’；在题句之上，则雍乾之所同也。”不过仅根据这条信息来对古月轩器物分类是非常不可靠的。

御制古月轩瓷器的底部常常带有双圈方框或圆边堆料蓝釉年号款。文字刻写得异常精细，通常为蓝釉，不过有时也有紫色或黄色的款识。一部分这类器物标明“御制”。只有质量稍次的器物才带有古月轩款识。

目前可以获得的有关古月轩的信息非常稀少。早期欧洲研究中国陶瓷的学者们，包括雅克马特（Jacquemart）、朱利安（Julien）、萨尔特（du Sartel）、古兰德（Gulland）和布林克利（Brinkley）都没有提到过古月轩瓷器，《陶录》和《陶说》也完全没有提及。杨啸谷的《古月轩瓷考》是对古月轩瓷器最权威的研究[14]。

欧洲人最早关于古月轩瓷器的一条记载来自海关总督何璧理（Hippisley）的著作[15]。他第一个提出“古月轩”款识首先出现在不透明的白色玻璃质小器物上，这种彩绘精致的小器物乾隆皇帝非常喜欢，他遂命令唐英以瓷器仿制。

对于“古月轩”这个术语的来源，目前共有三种解释（没有一种完全令人满意）：

（a）古月轩以一位著名的“胡”或“顾”姓玻璃器画师的名字命名，皇帝命令陶工仿造他的玻璃作品制作瓷器。

（b）古月轩与乾隆皇帝的宫殿中一座台阁或书房有关，著名的画师金成，字旭映，在这里绘制这些器物。

（c）古月轩是清宫中著名的宫殿，与乾隆皇帝并没有特别的关联，只是最精品的瓷器保存在此处。

何璧理认为古月轩之名来自一位“胡”姓宫廷玻璃画师，他首先在玻璃器物上使用了这个名款。卜士礼相信此人的存在，并称他为北京的玻璃师，他的烧造技艺受到了耶稣会的影响。

支持这一理论的实例是一些瓷质鼻烟壶上标明“仿古月轩”字样，但是这些器物年代晚，质量低劣，并不一定指仿照玻璃器制作。奥田诚一（Okuda）在提到该理论时说道：“如果这位师傅的名字真的叫古月轩，那么在一些书籍记载中应该会有所提及。然而我们所知的资料并没有任何记录。而且，用制作工匠的名字来命名御器厂的器物，这种做法实在有悖于中国传统，特别是对于皇室御用器物。”[16]

实际上，在中国大百科词典《辞源续编》[17]的增补版中有一个条目解释古月轩，其大意是在乾隆时期，汕头人胡学周建了一座私人窑场专门烧造陶瓷鼻烟壶等产品，他的鼻烟壶用精致的色彩描绘花卉图案，并题写短诗，器底书“古月轩”款识作为作坊名。据说乾隆皇帝南巡时非常欣赏他的作品，并命他去北京掌管宫中的御窑。但是，这则将胡学周与陶瓷烧造联系起来的文献是百科全书新加入的词条，在早前的版本中并没有出现。在任何一本地方名词索引或传记类指南中似乎都找不到这位胡师傅的名字，而这类书目中都会收录那些著名的工匠[18]。弗格森[19]和吴赉熙都认为上述理论是站不住脚的。杨啸谷在著作中对此理论极其蔑视：“至云胡姓人精画料器而乾隆御制瓷品仿之，尤为无稽，清初名人帝京笔记从未只字提及，忽百余年后有此传说，非琉璃厂肆贩夫之造谣，即烟袋斜街冷摊之设谎以之入书，俨成故实，再百余年后以讹传，必有据为典要矣。”郭葆昌认为古月轩风格的彩绘首先在瓷器上使用，之后才出现在玻璃器上。根据他的研究：“此种彩画，不独施于瓷器，后来玻璃器亦用之。乾隆御用器物中有玻璃质小品鼻烟壶之属，当日造办处奉命所制。纯用珐琅彩瓷彩画方法[20]。盖从瓷器推而广之者。底款皆楷书乾隆年制四字，极工整。用蓝料写者凸起用油红写者与器底平……珐琅彩瓷器故宫所藏，品类极多。玻璃器则鼻烟壶居多……无署古月轩款者……然古月轩款字，款字乾隆时乃实有之。惟是玻璃器而非瓷器，且为私家款而非进御物耳……亦出当日造办处所制，盖当时亲贵或内务府权要用器。”[21]

至于第二种说法见于《饮流斋说瓷》，书中记载古月轩瓷器由画师金成，字旭映，他的名字也出现在那些印章中。对此杨啸谷如此评价：“因误会印章有此文，即认为画工人名不谙清制，大小臣工书画进呈款书，当冠‘臣’字，不书款，但盖印章则印章非冠‘臣’字不可，安有此秃头之‘金成旭映’其人者？且余在承乾宫中校阅瓷胎画珐琅器，凡画秋花有黄红色，皆盖‘金成旭映’印章，如画竹为‘彬然君子’，画山水为‘山高水长’，印文各有贴切定制，概非画工人名。”

还有其他说法，有的认为古月轩是宫中保存该器物的库房，因之命名；也有认为这是装饰该器物的作坊名；或使用该器物的亭轩名。吴赉熙认为在“古月轩”这个房间内，人们使用该类器物。大村西崖（Omura Seiga）认为古月轩是宫中的一座亭子[22]。但是杨、郭两位先生都表示这种说法不正确，并都宣称遍搜宫殿和宫中记录，都没有发现任何记载。郭葆昌写道："至于古月名轩，遍访现存宫苑，如故宫、三海、颐和园以及热河避暑山庄未之见也。又积诸载籍之有关已毁宫苑如畅春园、圆明园等者又未之见也。更遍检有清历朝御制时文集，亦未之见也。高宗集内于所有各处宫殿题咏殆遍，乃仅有眉月轩、待月轩，而独无古月。可见宫苑之内，无此轩名。否则高宗不应独遗之也。"

郭葆昌推测带有古月轩款的玻璃器早就在坊间流传了，很长一段时期之后与古月轩相关的瓷器才流出宫外。为了起一个合适的名字，这些玻璃器就以底款古月轩命名。咸丰十年（1860）以后，画珐琅瓷器流出宫廷，那些第一次见到它们的人，发现它们和古月轩玻璃器很相似，索性就用后者的名字来统称这类画珐琅瓷器。但是这种推测依然解释不了古月轩起源之谜。

郭葆昌并未讨论古月轩瓷器在何处生产以及何人描绘了纹饰、题刻和印章。大村西崖提出的观点是这些器物的瓷胎是由造办处从景德镇专门定制的。这些白胎瓷器从景德镇运到宫内，在宫中彩绘并入小窑烧制，这种专烧彩绘的小窑炉已经确认存在于宫中。

至于这些器物上彩绘图案的绘制者，据说是将那些技艺高超的画工送到宫中，接受如意馆（皇家艺术学院）的培训，技艺精进后再完成此项工作。但是由于存世的古月轩瓷器数量稀少，且器物上的绘画品质超绝，很可能这些绘画出自如意馆内艺术家之手。《饮流斋说瓷》认为："当时由景镇制胎入京，命如意馆供奉画师绘画于宫中，开炉烘花。或谓曾见有'臣董邦达恭绘'者，然寻其画笔派别，殆出诸蒋廷锡、袁江、焦秉贞之流。"

杨啸谷认为："那些在瓷器上刻章并彩绘的技艺高超的人都出自宫廷和翰林院，其中就有外国传教士如郎世宁，他们与如意馆常驻专职画师并不一样。这些技艺精湛的艺术家并不会在普通的瓷器上创作，也不会像画工一样每月领几两银子作为报酬。这两者之间是无法相提并论的。"他补充道："贡品是官窑绘碧瞳卷发，多出郎世宁及门弟子手笔，不失郎世宁之秘传，故亦精妙至用……御窑若脱胎经郎世宁以料彩，淡红烘托小孩少妇颜色，尤妍栩欲活。"[23]

后记

在本章节内容交稿后，《东方艺术》（*Oriental Art*）1949-1950 年冬季刊上发表了一篇妙趣横生的学术研究论文，题为"古月轩——一种新假说"（*Ku Yueh Hsuan—a new hypothesis*），作者是哈迪女士（Sheila Yorke Hardy）。在这篇文章中，作者针对古月轩名字的由来提出了一种新颖却又令人信服的理论。她认为这是一种古老的语源学上的分离重组，古月就是汉字"胡"的拆分，而"胡"字又通"狐狸"的"狐"。同样的，"轩"字指代房间，在该语境下可能通汉字"仙"，是仙子的意思！而狐仙一直是中国传统中衙门官印的守护神。在中国的一些地方，官员们会将他们的官印保存在“狐室”中，这已经成为一种惯例，但是“狐”字从来不写出来，为了避免对狐狸这种动物的丝毫冒犯！

哈迪女士认为古月轩并不是玻璃工匠的堂号，也不是宫殿中某一座亭子的名字，而是对高级官员的衙门里头“狐室”〔24〕的吉祥称谓，正是这些高官在18世纪最后十年或19世纪前半叶定制了一批彩绘玻璃鼻烟壶和水丞，供本人使用。在1860年以前的古董市场里，这些古月轩款识的玻璃器物已经非常有名了，到了1860年装饰风格相同，但品质更为精细的瓷器开始从宫廷中流出，因此这些瓷器就被冠以“古月轩这个具有误导性、时代错乱、完全不适合的名字，遗憾的是，现在再想把它从陶瓷词汇中删除为时已晚”。

---

〔1〕杨啸谷，《古月轩瓷考》，北京雅韵斋，1934年。

〔2〕他补充道：“瓷胎画珐琅，又考珐琅，为法郎西瓷之呼，法郎西瓷入口最早有简呼为‘洋瓷’，其彩为洋彩。”珐琅一词也用来描述景泰蓝彩釉。

〔3〕郭葆昌,《瓷器概说》,页30。

〔4〕这三个汉字按字面翻译为“古代月亮台阁”。

〔5〕杨啸谷书中将《饮流斋说瓷》和《陶雅》中相关记载进行了全文引用，并对其进行了批判。

〔6〕在《老家具》卷二,页175彩图刊载了一件乾隆瓷瓶，是山中商会（Yamanaka）的藏品；卷三,页83刊载了一件绘有山水画的瓷瓶，是托尼先生（Tonying）的藏品。另一件描绘有金色雉鸡的瓷瓶出现在《私人收藏中国瓷器》（*Chinese Ceramics in Private Collections*）彩图28页，这件器物属于罗素（Russell）藏品，并带有雍正年号款。其他几件见《大维德爵士藏品图录》（*David Catalogue*）的彩图。

〔7〕杨啸谷，《古月轩瓷考》，北京雅韵斋，1934年。

〔8〕R.L.Hobson, *Pottery and Porcelain in the David Collection*, Plate. CLXX.

〔9〕*David Catalogue*, Plate. CLXXI.

〔10〕*David Catalogue*, Plate. CLXXII.

〔11〕比较图版LVIII中的图1和图2。

〔12〕*David Catalogue*, Plate. CLXXIII.

〔13〕*David Catalogue*, Plate. CLXXIV.

〔14〕他引用参考了陈浏的《匋雅》《海王村游记》和许之衡的《饮流斋说瓷》，他说这三部是仅有的提到古月轩瓷器的著作，但内容可靠性不高。说道与他同时代的陈浏和许之衡，杨啸谷这样评价：“陈公说古月轩已误，许君乃踵误之。”

〔15〕A. E. Hippisley, *A sketch of Ceramic Art in China*, 1902.

〔16〕Okuda Seichi (奥田诚一), Ku Yueh-Hsuan Pieces（古月轩）, *Oriental Ceramics*, 1936.

〔17〕1931年由商务出版社出版。B. A. de Vere Bailey, ‘The Old Moon Terrace’, *Burlington Magazine*, Dec. 1935.

〔18〕受到皇帝赏识的著名工匠为其成长地争光添彩，因此他们的名字一直被记录在地方志资料中.

〔19〕参见B. A. de Vere Bailey, ‘The Old Moon Terrace’, *Burlington Magazine*, Dec. 1935, pp. 32-33.

〔20〕这是一个令人惊叹的词汇，且非常让人困惑，因为景泰蓝是一种全然不同的技艺。

〔21〕郭葆昌,《瓷器概说》第32页。

〔22〕大村西崖（Omura Seiga）,《中国艺术史》，商务印书馆，1930年。

〔23〕我知道有两件绘有妇女和婴孩图的瓷瓶。其中一件以前属于马丁·赫斯特（Martin Hurst）的收藏，出现在威廉姆森（G. G. Williamson）的《粉彩》（*Famille Rose*）一书图图版XL，第二次出现是在1937年10月刊的《古董》（*Antiques*）杂志，霍尔默·伊顿·凯伊斯（Homer Eaton Keyes）的文章《古月画师》（*The Ancient Moon Painter*）图版四，第二件瓷瓶以前属于山中商会的藏品，由奥田诚一撰文附图介绍过(图版LXXIX，图2)。

〔24〕或者“狐仙”？

附录二　年号、堂号及吉祥语

任何一个想成为中国瓷器鉴赏家的人都必须了解年号。

除了年号、堂名、吉祥语、佛道符号以及陶工的签名[1]在清代瓷器上都有出现。年号款通常用釉下蓝彩双圈纹饰刻写在器物外底部，一般由六个汉字组成，既有两行三字形式，也有三行两字形式，偶尔也会出现水平或竖直一行的形式。[2]六字款中的第一个字都是“大”；第二字是统治的朝代；第三、四个字是在位皇帝的年号；最后两个字一般是“年制”或“年造”[3]，如果是宫廷御用器物，“年”要换成“御”字。中国的皇帝在即位后便不再使用本名，而是使用一个荣誉性的名字（即年号），如果他不更换年号的话，那么他的统治时期都以此年号来指代。[4]

早期中国瓷器的研究者们认为年号的使用仅限于御窑厂，但是在埃及、非洲西海岸、红海湾及印度诸多遗址出土的品质粗劣的中国外销瓷器上都带有年号款识，不太可能认为这些质量不高的瓷器皆出自御窑厂，它们中必然有民窑产品，但也有一些品质超群的器物，比如大维德藏品中的一件著名的宣德款彩瓷碗[5]，也不太可能是景德镇某个民间窑场的产品。现在还无法从御窑厂的产品以及一些民窑窑场的产品中分辨出哪些是景德镇的私人窑场的产品。《陶录》的作者记录道：“在撰写此书之时（1815）大量的御用器被分包给私人窑场烧造，就像明代隆庆和万历时期一样。”郭葆昌在写到景德镇私人窑场的产量时模糊地说：“清代民窑制器，各沿其当时官窑之风气，亦多精品。惟康熙时之娇黄三彩、嫩绿三彩、乌金釉五彩三彩，师法明制，而精美过之，此则官窑所惜也。”[6]

前文已经提到了鉴赏者对于年号书写方式的兴趣。大家都相信只有在御窑厂里才会用专门的书法家书写年号。在私人窑场中，年号有时候由一些经验丰富，天资聪慧的业余人士来写，但是大部分器物，比如民窑器很有可能是由画师来书写的。因此，年号（除了御窑厂产品上的）一般都书写潦草[7]。民窑器物上的印章款，欧洲人称之为“店名款”，中国收藏家称之“私家款”，基本无法辨认。大多数这种字迹潦草的文字几乎都是吉祥文字，如“福”和“寿”的变体。

在明代器物上，年号款可能出现在器物的颈部或口沿，但是直到清代之后，年号才常以红、黑、金彩在釉面上书写。字体可以是楷体，也可以是篆体，从雍正朝开始，篆书年号款逐渐比楷书更受欢迎。行书年号款很少出现，一旦看到行书款必然是民窑产品，这也是后期日本器物的一个普遍特点。除了年号外，天干地支款也有出现，年号结合天干地支就可以准确地断定器物的年代。

由于中国人的尚古特性以及过去某些朝代辉煌的陶瓷成就，成化、宣德这些皇帝的年号在清代一直被仿制，正如现代中国瓷器常会仿制康熙、乾隆的年号款一样。康熙的篆书年号款在中国瓷器上非常罕见，但是替代年号的图案如艾叶、荷花、灵芝、兔子、鼎（四足香炉，这个图案被荷兰人称为蜘蛛标志）、双鱼或空双圆环等很常见。其中一些器物据说是1677年及紧接着的后面几年生产的，这段时期康熙年号款被明令禁止使用[8]。但是大多数器物在风格上并不太接近转变期，这和定年的时段不匹配。这些器物可能是私人窑场的产品。我们并不清楚这条禁令到底是实行了还是失败了，以及多长时间之后它才变成一纸空文，到底有没有撤销。清代器物中也发现了底部带“天”字款的瓷器[9]。

堂名款数量太多以至于完整地罗列出来是不太可能的。伯顿（Burton）和霍布森主编的书中罗列出一份当时看来相当详尽的名录[10]，但是如今这份名单还需要大大地进行增补。这些堂名款一般都带有“堂”“阁”“厅”“斋”“轩”或“山房”等。在宫廷御用器上题刻该器物的使用场所——宫殿中某间特定房间的名字，这一做法尽管在康熙朝已经出现，但是直到雍正朝才蔚然成风。但是这些堂名款的范围“上至皇帝的宫殿馆阁，下至陶工的居所，包括了贵族的客厅，文人士大夫的观景园林，艺术家的书房以及商人的店铺”。如果可以将这些堂名款按照年代先后顺序排列，那么将对清代中国瓷器的断代有重大帮助。这些堂名款同时也标示出这些器物的制作地点以及为何地点而做。

在一本中国最近出版的陶瓷书籍[11]里，作者将堂名款分为以下五类：

（a）帝王

（b）亲贵

（c）名士达官

（d）雅匠良工

（e）不可辨认的其他类型。

很多时候，宫中为了纪念一些特殊的场合或为了供特殊人物使用，必然要定制成套特别的器物。其中就有一套碗类器物，其柔和的灰色背景上描绘了紫藤、玫瑰以及一只喜鹊，在器物外壁接近底边处题写堂名款“大雅斋”，距堂名款不远有一小型龙纹环绕的椭圆形留白，题写“天地一家春”字样。其下方还有另一个用红彩描写的款识，内容是“永庆长春”【见图237】。这件碗是专门为慈禧太后定制的整套器物中的一件。“大雅斋”是慈禧曾经居住过的颐和园里面一座宫殿的名字。

另一个堂名款是“庶常馆制”，庶常馆是著名的翰林院的一部分。奇怪的是带有蒙文或满文题刻的御用器物数量非常稀少。但是已经发现底部绘“土默特右旗”（Baragon Tumed）蒙文字样的碗，这些碗是为了庆祝道光皇帝的一个女儿嫁给蒙古王太子而专门定制的【见图234】。

还有一个堂名款是“慎德堂”，霍布森写道：“何璧理藏品中有一件带有慎德堂款识的器物，器身上题刻了道光皇帝的御制诗，这就明确了该款识的时代，慎德堂款识都出现在精致的清宫御用器上。”[12]这一看法也获得了《中国陶瓷史》的支持[13]，该书中将慎德堂款识定在嘉庆和道光之间，提到带有该堂名款的器物品质极为精致。但是几件带有慎德堂款的碗[14]，既有青花也有彩瓷，质量相当粗劣，被认定为康熙早年的产品。

很多堂名款记录的肯定是官吏私宅或者富商宅邸中的堂名，这些器物都是他们专门在景德镇的私人窑场中订烧的。其中一个堂名款是“使司帅府公用”（很可能是一件礼物）[15]，还有一件药罐上题刻着“云香阁，京都前门外大栅栏西头路北”。最后还有一类器物，一般都是民窑产品，专门供奉在道观或佛寺、修道院或庵堂之中，器型通常是祭台上摆放的香炉、烛台或瓷瓶。学习者常常对这些器物很感兴趣，特别是带有供养人的名讳及寺庙的名字、年号和天干地支纪年的日期、月份，敬献器物的“吉日”等信息的器物，它们通常质量不高【见图 21】。

赞颂款也像堂名一样多见，但是不太可能用它们来给器物定年。经常会看到带有这些赞颂款的器物，如“宝胜”（独特价值），“古珍”或“奇玉宝鼎之珍”。这类赞颂款在明代尤其流行。

庆祝语吉祥款广泛使用在礼物上，“福”“禄”“寿”“贵”这四个汉字是最常用的。其中常见的组合有“富贵长春”“富贵佳器”和“双喜”——这是一种特殊的婚庆标识，由两个喜字并列在一起。[16]

---

〔1〕这些器物基本属于民窑产品，但是很可能有例外。

〔2〕但是也存在特例，由四字组成，用红色或堆彩描绘。

〔3〕在清代“造”字似乎只有民窑才用，而御用器都用“制”字。但是在15世纪的官窑器物上这两个字都有使用。

〔4〕在清代，这一现象并未发生改变。

〔5〕*David Catalogue*, Plate. CXXX.

〔6〕郭葆昌，《瓷器概说》，第30页。

〔7〕我曾经见过一件瓷瓶带有“大明道光”款识，该器物看起来像是道光时期的一件真品。大明字样是有意冒犯还是仿造者粗心造成的意外呢?

〔8〕一种解释是这一禁令是一位机智有谋略的官员颁布的，这样做是为了在吴三桂叛乱时期保存景德镇的私人窑场。

〔9〕这些标志最早出现在成化时期器物上，后来此类器物多有仿制。

〔10〕Burton and Hobson, *Marks on Pottery and Porcelain.*

〔11〕吴仁敬、辛安潮，《中国陶瓷史》，1926年。

〔12〕R. L. Hobson, *Later Ceramic Wares of China*, p. 42.

〔13〕吴仁敬、辛安潮，《中国陶瓷史》，1926年。

〔14〕其中一件收藏于大英博物馆，其他两件为斯贝尔曼先生（Z.T.Spellman）的藏品。

〔15〕译者注：据原文，书中提到的这个款式应为“使司帅府公用”，但带有这类款式的器物目前所见均为元代龙泉窑产品，如新安沉船出水的元代龙泉窑瓷碗，此处作者似有误。

〔16〕Bushell, *Oriental Ceramic Art,* p. 94.

清代瓷器款识

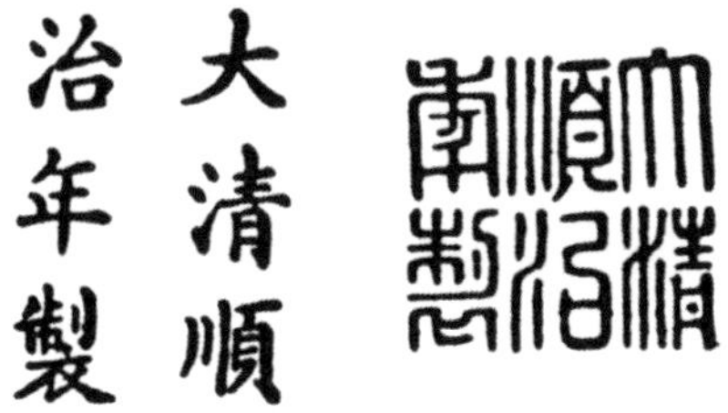

大清順治年製 顺治（1644—1661）	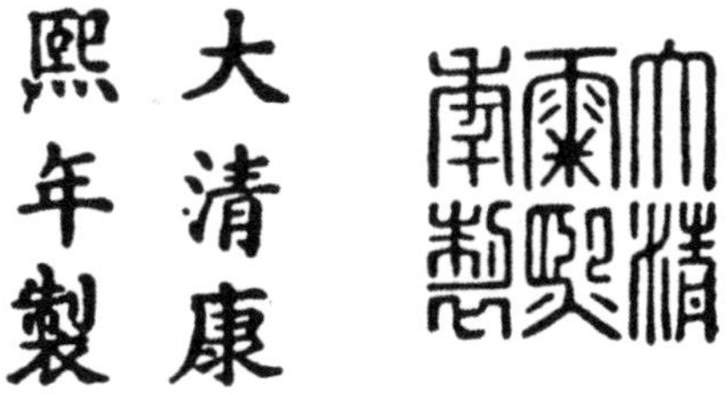 大清康熙年製 康熙（1662—1722）
 大清雍正年製 雍正（1723—1735）	 大清乾隆年製 乾隆（1736—1795）
 嘉慶年製 嘉庆（1796—1820）	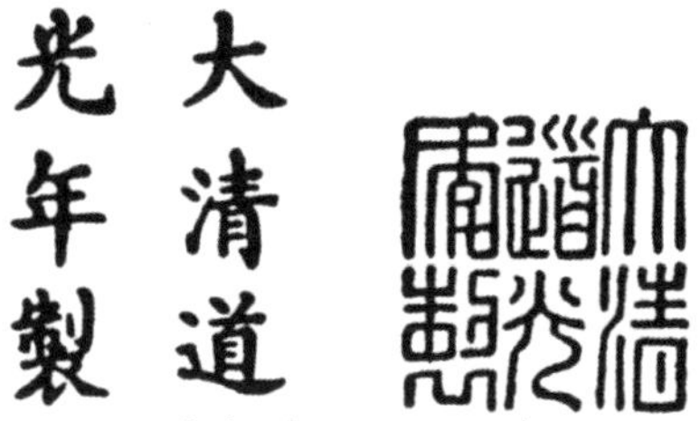 大清道光年製 道光（1821—1850）
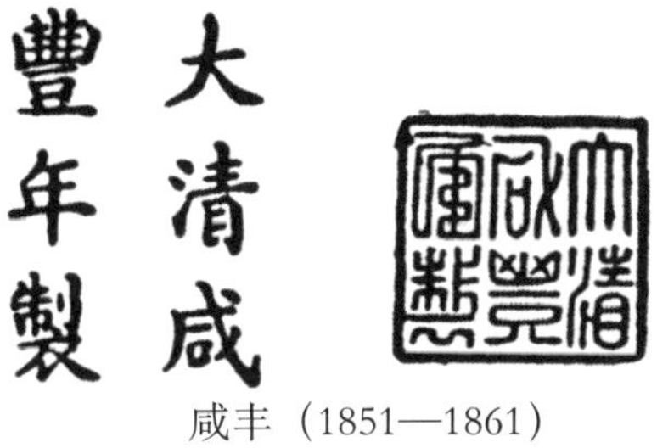 大清咸豐年製 咸丰（1851—1861）	 大清同治年製 同治（1862—1873）
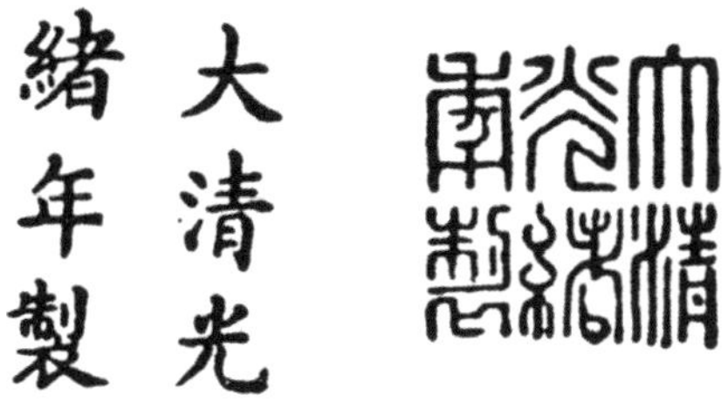 大清光緒年製 光绪（1874—1908）	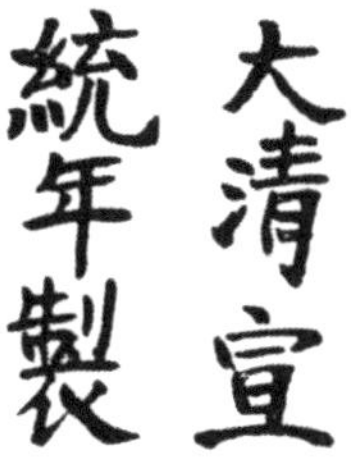 大清宣統年製 宣统（1909—1912）
	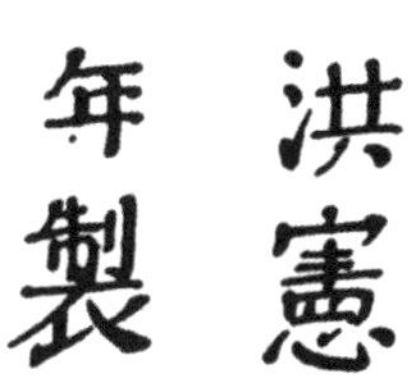 洪憲年製 洪宪（袁世凯，1916）

参考文献

Bluett Edgar E. *Ming and Ching Porcelains*, London, 1933.

Brankston. A, *Early Ming Ware of Ching-te-chen*, Peaking, 1938.

Brinkley. P, *China, its History, Art, and Literature*, Vol. IX. Ceramic Art, London and Edinburgh, 1904.

Burton. W., *Porcelain, its Art and Manufacture*, London, 1906.

Burton. W. and Hobson. R. L. *Handbook of Marks on Pottery and Porcelain*, London, 1928.

Bushell. S. W. *Oriental Ceramic Art*. (Text and notes of the Walters Collection, New York, 1899.)

Bushell. S. W. *Description of Chinese Pottery and Porcelain* (being a translation of the *Tao Shuo*) bound up with the two letters of Pere D' Entrecolles from Ching-te-chen 1st September, 1712 and 25th January, 1722, London and Oxford, 1910.

Ferguson. J. C, *Survey of Chinese Art*, Ch. VI. Ceramics, Shanghai, 1939.

Hannover. Emil, *Pottery and porcelain*, Vol. II, The Far East, Translated from the Danish, London, 1925.

Hobson. R. L., *Chinese Pottery and Porcelain*, Vol. II, London, New York, Toronto, Melbourne, 1915.

Hobson. R. L., *The Wares of the Ming Dynasty*, London, 1923.

Hobson. R. L., *The later Ceramic wares of China*, London, 1925.

Hobson. R. L., *Handbook of the pottery and porcelain of the Far East in the British Museum*, London, 1st edition, 1924. 2nd edition, 1937. 3rd edition, 1949.

Hobson. R. L., *The Chinese Pottery and Porcelain in the David Collection*, 1934.

Hobson. R. L., Rackham. B, King. W, *Chinese Ceramics in private Collection*, London, 1931.

Honey. W. B, *Guide to the later Chinese Porcelain in the Victoria and Albert Museum*, London, 1927.

Honey. W. B, *The Ceramic Art of China and other countries of the Far East*, London, 1944.

Julien. Stanislas, *Histoire et Fabrication de la Porcelaine Chinoise* (A translation of parts of the *TaoLu*), Paris, 1856.

Koyama. Fujio, *Oriental Ceramics*, Vol. 1X, No. 4, Tokyo, 1937.

Koyama. Fujio, *The story of old Chinese Ceramics*, Tokyo, 1949.

Kuo Pao-Chang, *Illustrated Catalogue of the Chinese Government Exhibits for the International Exhibition of Chinese Art in London*, Vol. II, Ceramics, London, 1935.

Monkhouse. Cosmo, *A History and description of Chinese Porcelain*, (With notes by S. Bushell.) London, Paris, New York and Melbourne, 1901.

Ottema. Nanne, *Handboek Chineesche Ceramiek*, Amsterdam, 1946.

Okuda. Seichi, *Ku Yueh Hsuan*, 1936.

Okuda. Seichi, *Oriental Ceramics*, volume 4, 1934—35, (English Edition), Tokyo, 1936.

Sayer. Geoffery R, *Ching-te-Chen Tao Lu*. (Account of Ching-te-Chen pottery.) London, 1951.

Sayer. Geoffery R, *Tao Ya* (Pottery refinements.) London, 1959.

Williamson. G. C, *The book of famille rose*, London, 1927.

Wu Jen-Ching and Hsin An-Chao, *Chung Kuo Tao Tzu Shih*, Canton, 1926.

Yang Hsiao-Ku, *Ku Yueh Hsuan Tzu Kao*. (As to Ku Yueh Hsuan porcelain.) Peaking, 1934.

Zimmermann. Ernst, *Chinesisches Porzellan*, Leipzig, 1913.

期刊：

Artibus Asiae

Burlington Magazine, London.

October, 1910—March, 1911, F. Perzynzki: *Towards a grouping of Chinese Porcelain*.

December, 1934, W. W. Winkworth: *The David Catalogue*.

December, 1935 de Vere Bailey: 'The old Moon Terrace'.

Old Furniture (The Collector). London, 1927—30.

Transactions of the Oriental Ceramic Society, London, 1921—

Oriental Ceramics, Tokyo, 1931—

图版说明

中文版图版序号	原书编号	名称	时代	尺寸	现藏地	备注
1	PXXVII.2	黑彩猫形烛台	清康熙	长14厘米，高9.5厘米	大英博物馆	
2	PCXX.2	德化窑白釉观音坐像	17至18世纪	高24.8厘米	私人藏	
3	IB	青花人物图香炉	明天启（1626年）	直径13.7厘米，高8.9厘米	私人藏	黑白图
4	IC	青花人物纹杯	明崇祯	直径6.85厘米	私人藏	黑白图
5	CXVI.1	青花祭祀铭文双耳瓶	明崇祯十一年(1638)	高24.7厘米	大英博物馆	
6	PIII.1	青花人物故事图瓶	明崇祯	高38.5厘米	大英博物馆	
7	PIV	青花高士图香炉	17世纪	直径26.7厘米	私人藏	黑白图
8	PIII.2	青花绿彩芭蕉图筒瓶	明崇祯（1638年）	高30.5厘米	私人藏	黑白图
9	PV.2	青花人物故事图花觚	17世纪	高42.7厘米	私人藏	黑白图
10	PXX.2	青花人物故事图小棒槌瓶	清康熙早期	高20.3厘米，直径8厘米	大英博物馆	
11	PI.2A	青花人物故事图高足杯	清康熙	高11.7厘米	私人藏	黑白图
12	PI.2B	青花花鸟纹小盘	17世纪	直径15.2厘米	私人藏	黑白图
13	PXXV.1B	斗彩花石葡萄纹小盖盒	清康熙	高6.1厘米，直径5.5厘米	大英博物馆	
14	PXXVII.1	素三彩落花流水纹砚台	清康熙三十一年(1692)	长12.5厘米，宽11.5厘米	大英博物馆	
15	PII.1	青花彩绘海兽纹带盖将军罐	17世纪	高38厘米	私人藏	黑白图
16	PII.2	青花粉彩三多纹罐	17世纪	高28.6厘米	私人藏	黑白图
17	PV.1	五彩人物故事图花觚	清顺治	高47.5厘米，口径22.1厘米	大英博物馆	
18	PIX.2	青花瑞兽纹小碟	清顺治	直径18.3 厘米	私人藏	黑白图

19	PVI.1&2	霁蓝釉暗刻龙纹盘	清顺治	直径25.4厘米	大英博物馆	黑白图
20	PVII.2	郎窑红釉观音尊	清康熙	高41.7厘米	大英博物馆	
21	PVIII	青花云龙纹“清隐庵”钵	清康熙 (1667年)	直径22.4厘米	大英博物馆	
22	PI.1A	青花山水纹碗	清康熙六年 (1667)	直径11.4厘米	私人藏	黑白图
23	PXI.1	青花火珠龙纹双耳瓶	清康熙	高31.5厘米	私人藏	黑白图
24	PXI.2	五彩麒麟纹筒瓶	清顺治或 康熙	高37厘米	私人藏	
25	PI.2C	青花折枝莲纹高足杯	清康熙	高10.2厘米	私人藏	黑白图
26	PIX.1A	青花山水图杯	清康熙	高6.35厘米	大英博物馆	黑白图
27	PXVIII.1	青花釉里红仕女图折沿盘	清康熙十一 年(1672)	高36.8厘米	私人藏	黑白图
28	PXXIII.1	青花釉里红海水立 龙纹观音尊	清康熙	高45.2厘米，口径 11.5厘米	大英博物馆	
29	PCV.2C	绿釉贴塑螭龙纹瓜棱瓶	18世纪	高19.8厘米	大英博物馆	黑白图
30	PXXVI.2	素三彩瓷塑狮子	清康熙	高约16.5厘米	私人藏	黑白图
31	PXXXVI.1	黄釉暗刻兽面纹 凤首提梁壶	清康熙	高14厘米	私人藏	黑白图
32	PXXXVIII	黄釉暗刻三多纹盘	清康熙	直径27.2厘米，高 5.4厘米	英国格拉斯哥 美术馆	黑白图
33	PCV.2B	山茶绿釉杯	18世纪	高6.1厘米	大英博物馆	黑白图
34	PCV.2A	郎窑绿釉小天球瓶	18世纪 早期	高10.2厘米	大英博物馆	黑白图
35	PCI.2	孔雀绿釉折腰盘口瓶	19世纪	高32.7厘米，直径 22厘米	大英博物馆	
36	PXL.2	浅蓝釉束腰瓶	清康熙	高16.5厘米	私人藏	黑白图
37	PXLII.1	洒蓝釉描金寿字花口盘	清康熙	直径18.5厘米	大英博物馆	黑白图
38	PXLI.2	霁蓝釉花觚	清康熙	高近61厘米	私人藏	黑白图

39-1	PXCVI	青釉瓜棱橄榄瓶及壶一对	清乾隆早期	双柄橄榄瓶高54.3厘米，宽30厘米;小瓷瓶高29.8厘米，宽14.5厘米	英国伦敦华莱士收藏馆	
39-2	PXCVII	粉色釉盖碗	清乾隆	高32厘米，宽35厘米	英国伦敦华莱士收藏馆	
40	PVII.1	豇豆红釉镗锣洗	清康熙	直径12.2厘米	私人藏	黑白图
41	PXLII.2	乌金釉描金缠枝花卉纹碗	清康熙	直径19.2厘米，高8.4厘米	大英博物馆	
42	PXIII.1&2	褐地青花龙纹盘	清康熙	直径20厘米	大英博物馆	
43	PXVII.1	青花山水图杯	清雍正	高10.2厘米	私人藏	黑白图
44	PCX.1	青花瑞鹿纹杯	清乾隆时期或更晚	直径6.8厘米	大英博物馆	黑白图
45	PXX.1	青花人物图笔筒	清康熙	高14厘米	私人藏	黑白图
46	PXVI.1	青花海水瑞兽纹碗	清康熙	直径10.2厘米	私人藏	黑白图
47	PXLVIII.C	斗彩折枝花蝶纹罐	清康熙晚期	高13.3厘米，直径10.6厘米	大英博物馆	
48	PLXX.2	白釉淡描青花暗刻云龙纹玉壶春瓶	清康熙	高17.8厘米，腹径11厘米	大英博物馆	
49	PLXVII.1A	白釉高浮雕松鼠葡萄纹瓶	18世纪	高21.6厘米	大英博物馆	
50	PLXVII.1B	白釉镂空寿字纹碗	明清过渡期或稍早	直径9.4厘米	大英博物馆	黑白图
51	PLXVII.1C	白釉镂空刻一路连科小笔筒	18世纪	高9.5厘米	私人藏	
52	PXLIII.1	白釉暗花斗笠小杯	18世纪	直径5.8厘米	大英博物馆	
53-1	PXXXVII.1A	仿定窑白釉模印云龙纹蒜头瓶	17世纪	高22厘米	大英博物馆	
53-2	PXXXVII.1B	白釉浅浮雕仿定窑缠枝花卉纹小胆瓶	清康熙	高18.8厘米	大英博物馆	黑白图
53-3	PXXXVII.1C	仿定窑白釉浅浮雕灵芝龙纹胆式瓶	清康熙	高21.6厘米	大英博物馆	
54-1	PXXXVII.2A	白釉暗刻缠枝花卉纹瓶	清康熙	高11.9厘米	大英博物馆	黑白图
54-2	PXXXVII.2B	白釉暗刻纹饰盘口双耳瓶	清乾隆	高12.2厘米	大英博物馆	黑白图

54-3	PXXXVII.2C	白釉浮雕缠枝花卉纹棒槌瓶	清康熙	直径12.2厘米	大英博物馆	黑白图
55	PLXX.1	白釉开片双环耳观音瓶	清雍正	高20.3厘米	大英博物馆	黑白图
56	PLXVII.2	仿官釉笔洗	约1800年	高5厘米，直径11厘米	大英博物馆	
57	PXXX.2	彩绘松鹤鹿盘	清康熙	直径25.4厘米	私人藏	黑白图
58	PXXXI.1	素三彩仕女图盘	清康熙	直径38.1厘米	私人藏	黑白图
59	PXXXI.2	粉彩婴戏侍女图盘一对及瓶	清康熙	直径均为26厘米，瓶高14.52厘米	私人藏	黑白图
60	PXXVIII.1	五彩花鸟诗文碗	清康熙	直径19.6厘米	私人藏	黑白图
61	PXXVIII.2	彩绘田耕图诗文碗	清康熙	直径18厘米	私人藏	黑白图
62	PXXX.1	彩绘武将图盘	清康熙	直径26.2厘米	私人藏	黑白图
63	PXXXII.1	五彩高士图小棒槌瓶	清康熙	高15.24厘米	大英博物馆	
64	PXXXII.2	彩绘高士图棒槌瓶	清康熙	高20.32厘米	私人藏	黑白图
65	PXXXV.1	素三彩暗刻龙纹花蝶图碗	清康熙	直径15.2厘米	私人藏	黑白图
66	PLV.2	素三彩龙纹梅瓶	清康熙至雍正时期	高39厘米	私人藏	黑白图
67	PLVII.2	五彩荷塘花鸟图碗	清康熙至雍正时期	直径17.3厘米	维多利亚及艾尔伯特博物馆	
68	PXXV.1C	五彩花神杯（两只）	清康熙	高5厘米，直径6.35厘米	大英博物馆	
69	PXXIX	五彩御用祝寿“万寿无疆”花鸟纹盘	清康熙	直径25.4厘米	大英博物馆	
70	PXIX.1	青花山水题诗图折沿盘	清康熙	直径20.6厘米	维多利亚及艾尔伯特博物馆	
71	PXXI.1	青花花卉纹观音瓶	清康熙	高42.4厘米，直径21厘米	大英博物馆	
72	PXXII.1	釉里红牡丹菊纹贯耳瓶	清康熙	高33.6厘米	私人藏	
73	PXXIII.2	青花釉里红葫芦纹葫芦瓶	清乾隆	高36.2厘米	私人藏	黑白图
74	PXXI.2	豆青地留白青花釉里红喜鹊登梅图观音瓶	清康熙	高39.4厘米	私人藏	黑白图

75	PX.1	五彩绘人物故事图罐	17世纪中期	高22.86厘米	大英博物馆	
76	PX.2	素三彩花果纹花觚	18世纪早期	高38.1厘米	私人藏	黑白图
77	PXXXIII.2	素三彩汉钟离立像	清康熙	高16.5厘米	私人藏	黑白图
78	PXXXIII.1	五彩童子捧如意像	清康熙	高 22.1厘米	私人藏	黑白图
79	PXXVI.1	墨地五彩镂空竹纹六方带盖茶壶	清康熙	高15.6厘米	私人藏	黑白图
80	PXLVI.2	粉彩仙人图盘	清康熙至雍正时期	直径35.6厘米	牛津大学阿什莫林博物馆	
81	PLIX.2	胭脂红釉粉彩折枝花果纹碗	清康熙（1721年）	直径12.7厘米，高6.35厘米	大英博物馆	
82	CP.B & XLVI.1	五彩三多纹玉壶春瓶	清康熙至雍正时期	高23.4厘米	私人藏	
83	PLIX.1B	粉彩山水楼阁图杯	清雍正	直径7.4厘米	大英博物馆	黑白图
84	PXII.1	青花花石纹小碟	清康熙	直径17.3厘米	私人藏	黑白图
85	PXII.2	纪年铭文钵	清康熙（1717年）	直径14厘米	私人藏	黑白图
86	PIX.1C	青花仿宣德风格卷草纹青花小罐	18世纪早期	高5.7厘米	大英博物馆	
87	PXIV.1	青花牵牛花纹四方倭角瓶	清乾隆（可能）	高19厘米	私人藏	黑白图
88	PXIV.2	青花牵牛花纹四方倭角瓶	清康熙	高11.4厘米	私人藏	黑白图
89	PXV.1	青花荷花纹抱月瓶	18世纪早期	高22厘米	大英博物馆	
90	PXV.2	青花芭蕉竹石图玉壶春瓶	清乾隆	高22.9厘米	私人藏	黑白图
91	PXVI.2	青花仕女图碗	清康熙	直径10.2厘米	私人藏	黑白图
92	PXVII.2	青花缠枝花卉纹碗	清康熙	直径15.3厘米，高5.5厘米	大英博物馆	
93	PXIX.2	青花仿宣德风格莲束纹盘	清雍正	直径34.8厘米	私人藏	
94	PXXII.2	釉里红折枝瑞果纹梅瓶	清乾隆	高30厘米	私人藏	
95	PLXIII	青花仿宣德风格菊瓣花浇	清雍正	高31厘米，口径8厘米	台北故宫博物院	

96	PXCI.1	斗彩海水瑞兽纹“天”字罐	清乾隆	高11.9厘米	私人藏	黑白图
97	PIX.1B	青花龙凤纹双环耳瓶	清康熙	高11.2厘米	大英博物馆	
98	PXVIII.2	青花矾红海水瑞兽图高足杯	18世纪早期	直径15.2厘米	私人藏	黑白图
99	PXLV.1	胭脂紫地粉彩花卉纹碗	清雍正	直径13.5厘米	私人藏	黑白图
100	PXLV.2	胭脂紫地粉彩花卉纹碗	清道光	直径13.5厘米	私人藏	黑白图
101	PXLVIII.A	斗彩岁寒三友图小罐	清康熙	高12.7厘米	私人藏	
102	PLXXI.2	斗彩缠枝莲纹蒜头瓶	17或18世纪	高20.5厘米，直径8.5厘米	大英博物馆	
103	PLXXII.1	斗彩山石花草纹天鸡钮折腰盖碗	清雍正	口径17.3厘米，带盖高15.2厘米	维多利亚及艾尔伯特博物馆	
104	PXXIV.1A	斗彩葡萄纹杯	清康熙	直径7.6厘米，高4.7厘米	大英博物馆	
105	PXXIV.1C	斗彩葡萄纹杯	清康熙	直径7.7厘米，高4.8厘米	大英博物馆	
106	PXXIV.1B	斗彩如意纹杯	清雍正	直径7.3厘米，高4.3厘米	私人藏	
107	PXXIV.2A	青花花鸟纹杯	16世纪	高4.5厘米	大英博物馆	
108	PXXIV.2B	青花花鸟纹杯	清康熙	高5.1厘米	私人藏	黑白图
109	PXLIII.1C	青花立鸟纹斗笠杯	16世纪或更晚	口径6.5厘米，高3.2厘米	大英博物馆	
110	PCX.3B	粉彩鸡缸杯	清雍正	高3.8厘米	私人藏	黑白图
111	PCX.3C	粉彩鸡缸杯	清道光时期或更晚	高2.54厘米	私人藏	黑白图
112	PCIV.3B	炉钧釉象耳瓶	清乾隆	高12.4厘米，直径7.8厘米	大英博物馆	
113	PXLVII.1	粉彩山石墨彩竹纹象耳尊	清雍正	高31.7厘米	私人藏	黑白图
114	PCIV.2	茶叶末釉鸠耳瓶	清雍正	高19.7厘米	私人藏	黑白图
115	PXLIX.A	粉彩灵芝“寒山子一团和气”图撇口瓶	清雍正	高24.6厘米	私人藏	
116	PLV.1	绿松石地胭脂红灵芝纹瓶	清雍正	高27.3厘米	私人藏	

117	PLXVIII.2	苹果绿釉回字纹折腰碗	清雍正	直径26.2厘米	大英博物馆	
118	PXXXIX	浅黄釉模印莲子纹莲花式盘	清雍正	直径29.5厘米	剑桥大学菲茨威廉博物馆	
119	PLVII.1A	粉彩花草纹玉壶春瓶	清雍正	高27.4厘米	英国布里斯托美术馆	
120	PLVII.1B	粉彩花草纹碗	清雍正	高12.7厘米	英国布里斯托美术馆	
121	PLIX.1A	粉彩花卉纹碗	清雍正	直径9.4厘米	大英博物馆	
122	PXC.2	粉彩牡丹玉兰花卉纹天球瓶	清雍正	高52厘米	私人藏	黑白图
123	PLX.1 PLX.2	青花八仙寿星图碗	清雍正	直径28厘米	剑桥大学费兹威廉博物馆	
124	PLXI	青花洞石牡丹纹盘	清雍正	直径20.3厘米	私人藏	黑白图
125	PLXII.1	青花碗	清雍正	直径11.9厘米	私人藏	黑白图
126	PLXIV.2	仿宋官釉贯耳瓶	清乾隆	高24.4厘米	大英博物馆	
127	PLXIV.1	仿宋代哥窑天球瓶	清雍正	高25.1厘米	大英博物馆	黑白图
128	PLXVI.1	仿宋代官窑钵	18世纪	直径8.4厘米	大英博物馆	黑白图
129	PLXVI.2	仿宋官釉渣斗	清雍正	高13.5厘米，口径22.5厘米，足径10.8厘米	牛津大学阿什莫林博物馆	
130	PLXV.1	仿宋钧窑弦纹瓶	18世纪	高21.3厘米	大英博物馆	黑白图
131	PXL.1	青釉模印云龙纹瓶	清康熙	高23.3厘米，腹宽11.1厘米	大英博物馆	
132	PXLI.1	豆青釉暗刻云龙纹观音瓶	清康熙	高61厘米	私人藏	黑白图
133	PLXV.2	霁红釉僧帽壶	18世纪	高19.7厘米，宽20厘米	大英博物馆	
134	PXLIII.2A	釉里红暗刻云龙纹三果纹高足碗	清雍正	高10.2厘米，直径14.9厘米	大英博物馆	
135	PXLIII.2B	釉里红鱼纹瓷片	疑为18世纪	长6.4厘米	大英博物馆	黑白图
136	PXLIII.2C	釉里红双鱼纹笔筒	18世纪	高17厘米，直径7.1厘米	大英博物馆	

137	PLXII.2	白釉模印仿宣德风格轮花纹抱月瓶	清康熙至雍正时期	高25.4厘米	大英博物馆	
138	PLXIX.1	黄地绿彩婴戏图碗	清雍正	直径14.7厘米	私人藏	黑白图
139	PLXIX.2	黄地绿彩团龙纹碗	清康熙	直径14.7厘米	私人藏	黑白图
140	PLXIX.3	黄地绿彩福禄鸡心碗	清雍正	直径14.7厘米	私人藏	黑白图
141	PLXIX.4	黄地绿彩暗刻双龙戏珠纹碗	清雍正	直径14厘米	私人藏	黑白图
142	PXLVIII.B	斗彩松鼠葡萄纹葫芦瓶	清雍正	高12.8厘米	大英博物馆	
143	PLXXI.1	斗彩花蝶纹蒜头瓶	清雍正时期或更晚	高18.5厘米，直径11厘米	大英博物馆	
144	PLXXII.2	斗彩婴戏图碗	清康熙至雍正时期	直径9.6厘米	私人藏	黑白图
145	PXXXVI.2	黄釉暗刻龙纹高足碗	清雍正	高19厘米	私人藏	黑白图
146	PXXV.2C	矾红地青花花鸟图小杯	清康熙	直径6.1厘米，高4.6厘米	大英博物馆	
147	PLXVIII.1	珊瑚红釉描金云龙纹纪年盘	清雍正（1723年）	直径20.3厘米	私人藏	黑白图
148	PCV.1	洒蓝釉香炉	清乾隆	高6.35厘米	大英博物馆	黑白图
149	PL.1	珐琅彩绘菊花诗文碗	清雍正	口径15.1厘米，足径6.5厘米	台北故宫博物院	
150	PL.2	珐琅彩赭墨牡丹纹题诗碗	清雍正	口径15厘米	台北故宫博物院	
151	PLI.1	珐琅彩玉堂富贵图题诗碗	清雍正	高5.4厘米，口径10厘米	台北故宫博物院	
152	PLI.2	珐琅彩茶梅十二喜题诗碗	清雍正	高7.6厘米，口径16厘米	台北故宫博物院	
153	PLIX.1C	胭脂红底粉彩花卉纹碗	清雍正	直径9.4厘米，高3.8厘米	大英博物馆	
154	PLII.1	外宝石红釉内粉彩折枝玉兰花鸟纹盘	清雍正	直径20.3厘米，高3.5厘米	大英博物馆	
155	PLII.2	粉彩鹌鹑图盘	清雍正	直径20.3厘米	维多利亚及艾尔伯特博物馆	
156	PXCII.1	粉彩折枝花卉蝴蝶图盘	18世纪早期	直径19.7厘米	私人藏	黑白图

157	PLVI.1	粉彩过枝福寿双全八桃五蝠盘	清雍正	直径20.6厘米，高4.8厘米	大英博物馆	
158	PLVI.2	粉彩过枝福寿纹碗	清乾隆	直径18.5厘米，高8.1厘米	大英博物馆	
159	PLXXVI.2	粉彩花果纹盘	清雍正	直径15.5厘米	私人藏	黑白图
160	PXLIV.2	珐琅彩青山水白地茶壶	清雍正	通高9.2厘米，口径7.5厘米，足径8.1厘米	台北故宫博物院	
161	PLXXIII.2	粉彩藤枝蜜蜂图方形茶壶	清乾隆	高15厘米	英国布里斯托美术馆	
162	PLXXIV.1	珐琅彩莲塘诗文茶壶	清雍正	高11.4厘米，宽18.5厘米	大英博物馆	
163	PLXXIV.2	斗彩岁寒三友图茶壶	清雍正	高13.7厘米，宽10.7厘米，通高19.3厘米	大英博物馆	
164	PLXXV.1	粉彩花鸟纹方形酒壶	清雍正	高13.5厘米	私人藏	黑白图
165	PLXXV.2	珐琅彩绘山石梅花图诗意茶壶	清乾隆	高11.8厘米，宽17.8厘米	大英博物馆	
166	PXLIX.C	粉彩牡丹锦鸡图瓶	清雍正	高23.4厘米	私人藏	黑白图
167	PLIII.2	粉彩牡丹锦鸡图瓶	清雍正	高48厘米	私人藏	黑白图
168-1	PXLVII.2	外胭脂红釉内粉彩何仙姑骑鹿图盘	清雍正	直径20.3厘米	私人藏	黑白图
168-2	PLXXVI.1	紫地珐琅彩课子图碟	清乾隆	高2.7厘米，口径13.4厘米，足径8.1厘米	台北故宫博物院	
169	PLIII.1	粉彩雄鸡图将军罐	清雍正	高61厘米	私人藏	黑白图
170	PLIV.2	粉彩牡丹公鸡图盘	清雍正	直径19.5厘米	私人藏	黑白图
171	CP.C	粉红地粉彩灵芝花竹诗文碗	清雍正	高6.5厘米，直径14厘米	大英博物馆	
172	PXLIV.1	粉红地开光四季花纹碗	清康熙	高7.1厘米，直径15厘米，足径5.7厘米	台北故宫博物院	
173	PLXXVII.1	粉彩群峰秀景图束腰盘	清雍正	直径54厘米	私人藏	
174	PLXXXI.1	瓷胎画珐琅家雀八哥胆瓶	清乾隆	高20.3厘米，口径3.7厘米，足径4.6厘米	台北故宫博物院	

175	PLXXXI.2	瓷胎洋彩诗句菊花玉梅瓶	清乾隆（1732年）	高21.4厘米，口径4厘米，足径6.6厘米	台北故宫博物院	
176	PXCII.2	白釉粉彩折枝玉兰花纹碗	清乾隆	直径11.6厘米	私人藏	
177	PXCIII.1	粉彩山水人物图灯笼瓶	清乾隆	高23.1厘米	大英博物馆	
178	PCI.1	黑釉仿青铜器双耳瓶	清乾隆	高31厘米，直径13.8厘米	大英博物馆	
179	PLXXXVII.1	粉彩鎏金婴戏图碗	清乾隆	直径11.2厘米	私人藏	黑白图
180	CP.A	天蓝地粉彩菊花诗文瓶	清乾隆	高19厘米	德国汉堡艺术和工艺美术博物馆	
181	PXLIX.B	唐英制粉彩山水题诗句灯笼瓶	清乾隆	高17.5厘米	私人藏	
182	CP.D	粉彩喜鹊石榴花纹天球瓶	清乾隆	高33厘米	英国布里斯托美术馆	
183	PXCVIII.1	暗蓝色地浅绿釉花草纹釉里红龙纹瓶	清雍正至乾隆时期	高17.8厘米	私人藏	黑白图
184	PXCVIII.2	霁蓝釉地青釉釉里红花卉纹天球瓶	清雍正至乾隆时期	高24.1厘米	私人藏	黑白图
185	PC.1	窑变釉抱月瓶	18世纪	高11.4厘米	大英博物馆	黑白图
186	PCX.2	仿金银器风格凸雕婴戏图盖盒	清乾隆	直径8.9厘米	私人藏	黑白图
187	PCII	霁蓝釉沥粉粉彩莲池纹罐	清乾隆	高38.1厘米	私人藏	黑白图
188	PXXV.2B	黄彩仿树根双耳三足香炉	18世纪或更晚	高9.1厘米	大英博物馆	
189	PLXXXV.2	粉彩婴戏图笔筒	清乾隆	高9.2厘米	私人藏	黑白图
190	PCXI.1	粉彩八仙人物图杯	清嘉庆	高7厘米	大英博物馆	
191	PCIV.3A	珊瑚红釉胆式瓶	清乾隆时期或更晚	高10.6厘米，直径6.35厘米	大英博物馆	
192	PXCIX.2	茶叶末釉青花矾红龙纹双耳瓶	清乾隆	高41.7厘米	大英博物馆	黑白图
193	PC.2	粉青釉浅浮雕夔龙纹鸠耳壶	清乾隆	高19.4厘米	私人藏	
194	PXCI.2	绿彩云龙纹罐	清乾隆	高18.4厘米	私人藏	
195	PLXXXVI.2	粉彩牡丹双凤纹象耳方壶	清乾隆	高15.5厘米	英国布里斯托美术馆	

196	PLXXXVIII	青花彩绘缠枝花绘纹带盖梅瓶	清乾隆	高68.6厘米	私人藏	黑白图
197	PXCIV.3	斗彩云龙纹斗笠盖碗	清雍正	高14厘米，直径21.6厘米	私人藏	黑白图
198	PCXIII.2A	五彩龙凤纹碗	清嘉庆	直径15.2厘米，高7.6厘米	大英博物馆	
199	PCIII.A	粉彩男子驮女子造型塑像	清乾隆	高20.3厘米	私人藏	黑白图
200	PCIII.B	粉彩女子抱犬造型塑像	清乾隆	高22.2厘米	私人藏	黑白图
201	PXC.1	粉彩缠枝牡丹纹抱月瓶	清乾隆	高31.5厘米	私人藏	
202	PCIX.1	霁蓝釉描金粉彩轧道云龙纹福寿瓶	清乾隆	高32.5厘米	私人藏	黑白图
203	PCVI.1	粉彩轧道喜鹊登梅图瓶	清乾隆	高43.2厘米	私人藏	黑白图
204	PCVI.2	御制粉红地粉彩轧道蝴蝶瓶	清乾隆	高45.7厘米	私人藏	
205	PCVII.1	胭脂红地粉色轧道镂空八卦图缠枝西番莲纹双耳瓶	清乾隆	高31厘米	私人藏	黑白图
206	PCVII.2	孔雀蓝地粉彩贴塑云龙纹胆瓶	清乾隆	高33厘米	私人藏	黑白图
207	PCVIII.1	浅黄地洋彩锦上添花“万寿连延”图长颈葫芦瓶	清乾隆	高40厘米	私人藏	
208	PCVIII.2	松石绿地细描云纹粉彩花鸟图瓶	清乾隆	高49.5厘米	私人藏	黑白图
209	PXCIX.1	胭脂红地粉彩贴塑石榴纹瓜棱瓶	清乾隆	高20.8厘米	大英博物馆	
210-1	PLXXXVI.1	釉里红几何纹绶带耳抱月瓶	清乾隆	高17.8厘米	私人藏	黑白图
210-2	PLXXXVI.2	胭脂红釉几何纹绶带耳抱月瓶	清乾隆	高17.8厘米	私人藏	黑白图
211	PLXXXVI.2	青花釉里红牡丹双凤纹方壶	清乾隆	高15.5厘米	私人藏	
212	PXCIV.1	青花釉里红云龙纹抱月瓶	清乾隆	高33厘米	私人藏	黑白图
213	PLXXXIV.1C	素三彩李太白望蜀地瀑布图杯	18世纪	直径5.7厘米	私人藏	黑白图
214	PLXXXIV.2B	粉彩鹌鹑图杯	清乾隆	高7厘米	私人藏	黑白图
215	PLXXXIV.2C	粉彩八仙人物蓝采和图杯	清乾隆	高8.3厘米	私人藏	黑白图

216	PLXXXVII.2	粉彩百猴图瓶	清乾隆	高27厘米	私人藏	黑白图
217	PCXII.2	黄地粉彩花卉五福宫碗	清乾隆	直径15厘米，高6厘米	大英博物馆	
218	PLXXXV.1	豆青釉粉彩描金开光山水图双耳瓶	清乾隆	高11.7厘米	私人藏	黑白图
219	PCIX.2	粉地轧道粉彩开光山水图贯耳瓶	清乾隆	高32.5厘米	私人藏	黑白图
220	PCIV.1	白釉玲珑瓷西番莲纹碗	清乾隆	直径10.7厘米	大英博物馆	黑白图
221	PCXIII.1A	黄地彩绘开光花卉纹碗	清嘉庆	直径17.8厘米，高6.8厘米	大英博物馆	
222	PCXIII.1B	蓝地粉色轧道开光花卉纹碗	清道光	直径15厘米，高6.6厘米	大英博物馆	
223	PCXIII.2B	黄地粉彩轧道开光山水图碗	清道光	直径14.7厘米，高6.3厘米	大英博物馆	
224	PCXIV.1	粉彩开光五谷丰登图碗	清咸丰	直径20.32厘米，高7.4厘米	大英博物馆	
225	PCXIV.2A	黄地粉彩开光双喜吉祥图碗	清同治	直径12.2厘米，高6厘米	大英博物馆	
226	PXCIV.2	青花缠枝莲纹烛台	清乾隆	高13.4厘米	私人藏	
227	PXCV	青花岁寒三友图盘	清乾隆	直径17.8厘米	私人藏	
228	PCXI.2	黄地粉彩御制诗海棠式茶盘	清嘉庆二年(1797)	长15.5厘米	私人藏	黑白图
229	PLXXXIX	粉彩花鸟山水纹琮式瓶	清乾隆时期或更晚	高29.5厘米	私人藏	
230	PXCIII.2	粉彩山水人物图盘	清道光	直径45.7厘米	私人藏	黑白图
231	PCIV.3C	天蓝釉堆白月季纹石榴尊	19世纪或更晚	高7.6厘米	大英博物馆	
232	PXXV.2A	内松石绿釉外墨地矾红描金云龙纹碗	19世纪	直径7.8厘米，高5.3厘米	大英博物馆	
233	PCX.3A	青花阿弥陀佛四字纹杯	清道光	直径6.1厘米	私人藏	黑白图
234	PCXII.1	粉彩七珍八宝纹碗	清道光	直径16.7厘米，高6.8厘米	大英博物馆	
235	PLXXIII.1	白釉轧道红绿彩金玉满堂纹带盖茶碗	19世纪早期	直径11厘米，高6.35厘米	大英博物馆	
236	PCXIV.2B	矾红墨彩款名茶壶	清光绪	高10.16厘米，直径16厘米	大英博物馆	

237	PCXV.1	御制黄地墨彩藤枝花鸟纹碗	清光绪	直径17.8厘米	私人藏	黑白图
238	PCXV.2A	粉彩人物图水盂	袁世凯时期	高7.6厘米	私人藏	黑白图
239	PCXV.2B	青花釉里红小盖盒	1927年	直径7.6厘米	私人藏	黑白图
240	PCXVIII.1	青花花卉纹盘	18至19世纪	直径18.5厘米	大英博物馆	
241	PCXVIII.2	青花三多寿字纹碗	18至19世纪	直径17.3厘米	大英博物馆	
242	PCXVI.2	青花折枝花卉纹四系瓶	17至18世纪	高12厘米	大英博物馆	黑白图
243	PCXIX.1B	德化窑红绿彩花卉纹杯	18世纪	高7.6厘米	大英博物馆	黑白图
244	PCXVII.1	德化窑青花高士图瓶	17至18世纪	高24厘米	私人藏	黑白图
245	PCXVII.2	青花山石花卉纹花觚	17至18世纪	高27.4厘米	私人藏	黑白图
246	PCXIX.1A	德化窑白釉欧式马克杯	18世纪	高9.4厘米，宽10.4厘米	大英博物馆	
247	PCXIX.1C	德化窑白釉欧式马克杯	18世纪	高8.9厘米，宽10.4厘米	大英博物馆	
248	PCXX.1	德化窑白釉贴塑螭龙瓶	17至18世纪	高20.5厘米，直径12.4厘米	大英博物馆	
249	PCXIX.2	德化窑贴塑开光人物图提梁壶	17至18世纪	高21厘米	大英博物馆	
250	PLXXXIV.1B	古月轩式白料胎粉彩梅花水盂	18世纪	直径7厘米	私人藏	
251	PXXXV.2	蓝地珐琅彩“万寿长春”碗	清康熙	直径15厘米，高7.7厘米	大英博物馆	
252	PXXXIV.1	胭脂红地珐琅彩牡丹纹碗	清康熙	直径11厘米	台北故宫博物院	黑白图
253	PXXXIV.2	宝石红地珐琅彩牡丹纹碗	清康熙	高6.8厘米，口径15.2厘米，足径5.4厘米	台北故宫博物院	
254	PLXXX.1	珐琅彩牡丹诗文双环耳小玉壶春瓶	清乾隆	高9.8厘米，直径5.5厘米	大英博物馆	
255	PLXXX.2	珐琅彩花草纹胆式瓶	清乾隆	高14.4厘米	大英博物馆	
256	PLXXXII	珐琅彩梅竹先春盘	清雍正	高3.6厘米，口径17.5厘米，足径11.1厘米	台北故宫博物院	

257	PLXXXIII	珐琅彩玉兰花诗文盘	清乾隆	直径14.3厘米，高3.2厘米	大英博物馆	
258	PLIV.1	珐琅绘花鸟纹胆瓶	清乾隆	尺寸不详	私人藏	黑白图
259	PLXXVIII	珐琅彩花鸟诗文图蒜头瓶	清乾隆	高17.8厘米	法国吉美博物馆	黑白图
260	PLXXXIV.1A	珐琅彩花鸟诗文碗	清雍正	直径8.3厘米	鸿禧美术馆	
261	PLXXXIV.2A	粉彩竹梅双喜酒杯	清乾隆	高6厘米，口径9厘米	私人藏	
262	PLXXVII.2	红料珐琅彩山水楼阁图盘	清乾隆	高4.1厘米，口径17.2厘米，足径11厘米	台北故宫博物院	
263	PLXXIX.2	珐琅彩母子图诗文蒜头瓶	清乾隆	高17.8厘米	美国弗利尔美术馆	
264	PLVIII.1	墨彩花卉半脱胎瓷碟一对	清雍正	直径15.2厘米	私人藏	黑白图
265	PLVIII.2	墨彩花卉半脱胎瓷碟	清雍正	直径15.2厘米	私人藏	黑白图

图书在版编目(CIP)数据

中国清代瓷器/(英) 索姆 · 詹宁斯著;崔倩,张淳淳译.
--上海:上海书画出版社, 2019.8
ISBN 978-7-5479-2148-7
Ⅰ. ①中… Ⅱ. ①索… ②崔… ③张… Ⅲ. ①瓷器(考古)-研究-中国-清代 Ⅳ. ①K876.34
中国版本图书馆CIP数据核字(2019)第149950号

中国清代瓷器

[英] 索姆 · 詹宁斯 著 崔 倩 张淳淳 译

责任编辑 眭菁菁 邱宁斌
策　　划 闫健武
审　　读 雍 琦
责任校对 倪 凡 黄 洁
技术编辑 包赛明

出版发行 上海世纪出版集团
上海书画出版社
地址 上海市延安西路593号 200050
网址 www.ewen.co
www.shshuhua.com
E-mail shcpph@163.com
制版 上海文高文化发展有限公司
印刷 上海画中画包装印刷有限公司
经销 各地新华书店
开本 787×1092 1/16
印张 11.5
版次 2020年4月第1版 2020年4月第1次印刷

书号 ISBN 978-7-5479-2148-7
定价 118.00元